北京第二外国语学院 2022 年度学术著作出版经费资助

北京市教育委员会财政专项经费资助

半强制股利政策
与上市公司资本运营

Semi-mandatory Dividend Policy

and Capital Operation of Listed Companies

李 伟 著

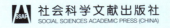

社会科学文献出版社

SOCIAL SCIENCES ACADEMIC PRESS (CHINA)

目　录

第一章

股利分配政策与公司股利分配行为文献综述

自 20 世纪中叶美国学者 Miller 和 Modigliani 提出"股利无关论"之后，学术界关于企业股利分配行为的研究日益增多。国外学者的研究起步较早，提出了多种解释企业股利分配行为的理论，但研究结论没有达成共识。改革开放以后，我国逐步走上市场经济道路，企业拥有了独立的财权。我国学者对企业的股利分配行为也进行了大量研究，取得了较为丰富的研究成果。国内学者起初是学习消化国外学者提出的各种理论，并采用中国的数据对这些理论进行验证。同时，我国学者也把企业的股利分配行为与"公司治理""盈余质量""投资效率""会计稳健性""股价崩盘风险"等企业热点结合在一起进行研究。基于中国新兴加转轨、制度改革的背景，我国学者又结合股权分置改革、新会计准则、交叉上市、市场化进程、金融发展水平等中国独有的制度和经济背景对股利分配行为进行了研究。

为了增强上市公司的股利分配意愿，我国证监会分别于2004年、2006年和2008年颁布了约束企业股利分配行为的文件，要求上市公司的再融资资格与其是否分配股利以及股利分配力度相结合。由于这些规定主要影响有再融资需求的上市公司，而不是全部上市公司，因此被称为半强制股利政策[①]。半强制股利政策的影响及效果成为股利分配行为方面新的研究热点和研究重点，也是本书的研究主题。政策颁布之后，国内学者针对半强制股利政策对公司的影响及市场反应开展研究，得出了政策的实施对企业有利、不利和好坏兼有等多种结论。

本书基于股利分配理论来研究半强制股利政策。下面从股利分配外文文献、股利分配行为的影响因素、股利分配行为的经济后果、半强制股利政策四个方面对相关文献进行综述。

第一节　股利分配外文文献

国外学者提出了多种股利分配理论，但研究结论不一，并没有达成共识。这些理论主要涉及股利分配的影响因素（成因）和经济后果两个方面，以影响因素方面的文献居多。

---

① 有学者称之为半强制分红政策。

影响因素方面的研究主题包括如下几个。（1）信号理论认为，在信息不对称环境下，股利政策是公司向外界传递信号的重要工具（Bhattacharya，1979），股利支付政策是具有信息含量的（Skinner 和 Soltes，2011），然而有学者认为该理论得到的经验支持较少（DeAngelo 等，1996；Brav 等，2005；Li 和 Zhao，2008），仅在跨国上市的公司中有所体现（Aggarwal，2012）。（2）追随者效应理论认为，每个企业都会试图以其特定的股利支付率（也称股利发放率）来吸引偏好它的追随者（Elton 和 Gruber，1970），但该理论遭到 DeAngelo 等（2004）的质疑，他们发现股利发放越来越集中在少数大公司。（3）股利迎合理论认为，股利政策倾向于迎合投资者需求（Baker 和 Wurgler，2004），该理论又被扩展到股价和回购方面（Grullon 和 Michaely，2002；Skinner，2008；Baker 等，2009；Jiang，2013）。（4）生命周期理论认为，股利政策与生命周期相关，处于生命周期不同阶段的企业所采用的股利政策是不一样的（Fama 和 French，2001；Grullon 等，2002；DeAngelo 等，2006；Denis 和 Osobov，2008）。（5）代理理论认为，企业发放现金股利可以降低自由现金流，从而向外界表明股东和经理之间的代理问题较少（Easterbrook，1984），因此企业为了展示自己内部的代理问题少而发放股利，但实证检验的结果并不一致（Lang 和 Litzenberger，1989；Denis 等，1994；Lie，2000）。股利支付可以减少大股东和中小股东之间的代理问题（La Porta 等，

2000；Faccio 等，2001）。如果公司的信息更透明，公司通过发放股利来缓解外界对代理问题的疑虑需要下降，发放股利的意愿和股利支付率就会下降（Hail 等，2014）。此外还有文献从公司盈利水平（Lintner，1956；Fama 和 Babiak，1975；McDonald 等，1975）、增长机会（Jensen 和 Meckling，1976；Masulis 和 Trueman，1988）、行业性质（Lintner，1956；Smith 和 Watts，1992）、行为和心理（Shefrin 和 Statman，1984；Nicolosi，2013）等多个角度解释股利支付行为。一些文章从会计信息质量角度发现，进行会计欺诈的公司更不愿意发放现金股利或者增加发放现金股利（Caskey 和 Hanlon，2013），会计稳健性可以缓解股东和债权人、股东和管理层之间的矛盾，减少债务的代理成本以及股利支付成本，增加股利支付的意愿（Ahmed 等，2002；Louis 和 Urcan，2015），财务会计报告质量与股利分配成正比，高质量的财务会计报告能有效缓解股利政策对投资决策的负面影响（Ramalingegowda 等，2013；Koo 和 Ramalingegowda，2017）。

经济后果方面的研究主题主要包括如下几个。（1）公司价值或股票收益率，MM 理论认为股利的发放与公司的价值或资金成本没有关系（Miller 和 Modigliani，1961），然而 Miller（1987）又在考虑所得税的基础上指出二者存在关联。后来的学者不断放松 MM 理论的前提假设来继续探索股利分配与企业价值或股票收益率的关系。有学者发现发放现金股利能够降低股票收益率的波动（Pastor 和 Veronesi，2003）。（2）盈余质量，定期报告股利支付的公司的盈余更具有持续性和稳定性（Skinner 和 Soltes，2011）。（3）投资效率，发放现金股利可以有效制约公司的过度投资行为（Jensen，1986；Lang 和 Litzenberger，1989）。（4）审计风险和收费，公司现金股利制度能够有效降低审计风险、审计收费（Lawson 和 Wang，2016）。

第二节　股利分配行为的影响因素

国内早期的股利问题研究集中在现状分析和对西方股利理论的验证性研究（魏刚，1996；吕长江、王克敏，1999；李常青，1999；杨熠、沈艺峰，2004）上，后来逐渐过渡到结合企业热点问题及利用中国独特的制度环境进行研究。与外文文献类似，已有关于股利分配问题的国内研究聚焦于股利分配的影响因素（成因）和经济后果两个方面，也是以影响因素方面的文献居多。下面分类阐述。

一　信号理论与股利分配

王珊珊等（2010）发现，上市公司在顺市场周期发布的股利变化公告具有更高的信息含量；投资者在不同的股市周期会对股利公告传递的信息做出不同的判断。王静等（2014）指出，公司持续发放现金股利及股利支付率较高，向投资者传递盈余质量较高的信息。另外，王国俊和王跃堂（2014）认为，分红承诺比例较高的公司更受证监会和资本市场的青睐，传递了公司价值的信号；分红承诺是否附加条件也向资本市场传递了公司业绩的信号，不附加条件的公司的价值更高。王译晗等（2018）发现，当企业研发支出占营业收入比重较低时，公司股利支付水平较高，这是企业在向市场传递正面信号。吴育辉等（2018）发现，现金股利支付水平与债券融资成本显著负相关，说明企业向投资者传递了利好信息。杨宝（2019）指出，股利平滑向资本市场传递公司稳定的信号；如果在金融危机时期公司仍能发放现金股利，那么市场反应更为积极。但是，吕长江和许静静（2010）基于股利变更公告的研究发现，我国上市公司的股利发放没有信号传递效应，现金股利的变更与公司的盈利状况没有显著关系。

二　迎合理论与股利分配

黄娟娟和沈艺峰（2007）发现，在中国股权高度集中的上市公司里，管理者制定的股利政策忽视了中小投资者的需求，主要是迎合大股东的需求。熊德华和刘力（2007）发现，迎合理论对上市公司的股利政策有显著影响。严太华和龚春霞（2013）

得出了类似的结论。支晓强等（2014）发现，股权分置改革前上市公司现金股利政策并不影响现金股利溢价，股权分置改革后现金股利溢价对上市公司现金股利政策的解释力显著增强，说明企业在股权分置后的股利政策存在迎合投资者的一面。许立新和杨淼（2014）发现，我国中小板上市公司为了获得更高的股价溢价，存在迎合股东的股利分配行为。林川（2015）发现，上市公司所在地域的市场化程度越高，现金股利迎合能力越强。林川等（2016b）利用股权分置后的数据发现了公司基于迎合理论分配现金股利的证据，还发现现金股利意愿与股利溢价之间的差距与迎合程度成正比。吕纤和向东进（2017）发现，我国上市公司普遍存在股利迎合现象，公司发放现金股利会加大股价同步性进而导致股价信息效率下降，并且在控股股东持股比例较低的情况下，现金股利迎合与股价信息效率的显著负相关导致公司股价崩盘、风险上升。吕纤和罗琦（2019）发现，自由现金流充裕、资产流动性高、处于成熟期的公司的迎合能力较强，而且公司的现金股利迎合能力与盈余管理水平成正比，且多采用应计项目的盈余管理以维持股票价格。马鹏飞和董竹（2019）提出，在迎合监管动机下，现金股利与公司价值显著正相关，监管政策减少了大股东利用现金股利掏空公司而形成股利折价，进而有损公司价值的行为。

半强制分红政策出台后，周平（2015）研究了现金股利迎合对公司融资的影响，发现现金股利迎合能力与股权融资的资金配置效率成正比，与股权资金的交易效率成反比，但在公司采用刻意迎合的现金股利政策时，股权资金交易效率和股权资金的配置效率均未提高。另外，陈艳等（2015）发现，对于有再融资需求的公司，不仅迎合现金分红会提高公司的投资与现金流之间关系的敏感性，而且过度现金分红也会增加公司再融资需求与投资不足之间关系的敏感性；对于无再融资需求公司影响则不明显，并由此得出我国实施的半强制分红政策需要进一步改进的结论。

三　生命周期理论与股利分配

宋福铁和屈文洲（2010）发现，我国上市公司是否分配现金股利符合生命周期理论，但是现金股利分配力度不符合生命周期理论。霍晓萍（2014）发现，我国上市公司是否分配现金股利符合生命周期理论，但是现金股利分配力度是否符合生命周期理论要依行业而定。陈辉等（2014）发现，生命周期理论最能解释我国上市公司股利支付倾向不断增强的状况。一些学者也发现，股利生命周期理论适用于中国资本市场，成熟公司的现金股利分配意愿和股利支付率较高（罗琦、李辉，2015；罗琦、伍敬侗，2017；陈艳等，2017；邢天才、黄阳洋，2018）。

罗琦和李辉（2015）指出，成长性企业的现金股利发放较少，资金留用缓解了投资不足；成熟企业的现金股利发放率提高有助于约束过度投资。罗琦和伍敬侗（2017）发现，对于成熟企业，随着控股股东持股比例的增加，代理成本增加，现金股利分发对过度投资的约束作用下降。陈艳等（2017）发现，CEO权力过高能够弱化现金股利行为的生命周期特征。邢天才和黄阳洋（2018）发现，过高的财务杠杆对公司成熟度和股利支付率之间的关系产生负面调节作用。王垒等（2018）发现，不同类型机构投资者在公司生命周期不同阶段产生的作用和效果是不同的，压力抵制型机构投资者在企业引入期和成长期会加强对股票股利的治理效果，在成熟期和衰退期会加强对现金股利的治理；而压力敏感型机构投资者仅在企业成熟期加强了现金股利的治理效果。

四　代理理论与股利分配

学者们通常认为，公司的股利分配政策可以降低信息不对称导致的代理问题，可以进一步保护中小股东权益。然而，张文龙等（2009）利用民营上市公司的数据进行了分析，发现股权分置制度下非流通股股东和流通股股东之间的利益矛盾导致控股股东采用发放高额股利的方式来掠夺中小股东的利益。陆正飞等（2010）发现，一股独大和内部人控制下的代理问题是公司实施激进股利政策的主要原因，激进的股利政策也不受市场欢迎。赵玉芳等（2011）发现，有大股东参与定向增发的上市公司，增发后发放的现金股利更多，说明其存在代理问题和利益输送的倾向。胡国柳等（2011）通过对大小股东的博弈分析，发现大股东与管理者共谋，通过高的股利发放率侵占外部股东利益；股权分置改革对这一问题有所削弱。粟立钟和谢志华（2013）考察了非国有企业的代理问题，发现最终控制人的掏空能力越强，掏空激励越大，掏空机会越好，公司发布现金股利预案之后的非预期市场反应就越大。

王茂林等（2014）、刘银国等（2015）认为，公司的现金股利分配制度可以有效约束自由现金流产生的过度投资行为，减少代理问题。刘孟晖和高友才（2015）发现，异常高派现和异常低派现都存在较严重的代理问题，需要加强监管。赵瑞杰和吴朝阳（2017）发现，当公司股权集中度较低时，现金股利支付政策会有效改善资本结构向下调整的节奏，进而降低公司权益成本，说明公司控股股东和中小股东之间的确存在代理问题。强国令等（2017）以创业板公司的IPO为研究对象，发现控股股东利用超募资金进行大规模的分红，对公司股价产生显著负面影响，损害了中小股东的利益；认为这一结果支持了代理问题假说。

五　股权结构与股利分配

从广义上来说，股权结构是公司治理的一部分。但是，由于和其他公司治理因素相比，我国学者在股权结构方面的文章比较多，所以单独作为一个部分列示。

（一）大股东的影响

一些学者认为，大股东将现金股利作为转移资源的形式，倾向于多发股利（陈信元等，2003；原红旗，2001；肖珉，2005；马曙光等，2005；唐跃军、谢仍明，2006；黄娟娟、沈艺峰，2007；许文彬、刘猛，2009；刘孟晖，2011）。还有的学者认为，控股股东的控制权与现金流权分离越大，股利支付越多（邓建平、曾勇，2005；王化成等，2007a；肖作平、苏忠秦，2012），案例分析得出了一致的结论（周县华、吕长江，2008；朱红军等，2008；蒋东生，2009）。定向增发、改制模式角度的大股东股利行为证据也与前述一致（邓建平等，2007；赵玉芳等，2011）。不过，也有学者指出，基本面良好的上市公司实施高分红是对投资者的回报，并非蓄意掏空上市公司（蒋东生，2010）。罗琦和吴哲栋（2016）发现，当控股股东持股比例较低时，持股比例与现金股利发放额及股利支付率均成正比；当控股股东持股比例上升到一定程度后，持股比例与现金股利发放额及股利支付率均成反比。子公司少数股权占比与上市公司现金股利分配意愿和支付水平成反比，尤其是民营企业（梁相、马忠，2017）。另外，大股东持股也存在一定的调节作用。张路等（2015）研究发现，上市公司超募资金补充流动性的程度与现金股利支付水平成正比，尤其是大股东持股比例越高，两者正向关系越显著。但超募资金补充流动性的程度与现金股利的市场反应呈反比，而且在大股东持股比例越高的情况下，两者负向关系越显著。杨超和山立威（2018）发现，大股东为创始人的家族企业非流通股份比例越高，现金股利分配意愿和分配水平明显越高；股权分置改革降低了创始人家族企业的非流通股份比例，降低了家族企业的资金侵占水平。

（二）股权性质的影响

针对控股权性质与现金股利发放倾向的研究结论并不一致。一种观点认为，国有控股股东发放倾向低（王化成等，2007b；郑蓉等，2011）；另一种观点认为，非国有控股股东发放倾向低（魏志华等，2012；孙刚等，2015；李彬、张俊瑞，2013）。卢建词和姜广省（2018）发现，公司混合所有制程度越高，越倾向于发放现金股利，而且地方国有企业和低控制权企业中两者的正向关系更显著。吴春贤和杨兴全（2018）发现，非国有企业参股程度越高，现金股利分配程度越高，分配意愿越强。

一些学者认为，机构投资者持股比例与现金股利发放正相关（王彩萍、李善民，2011；魏志华等，2012；韩勇等，2013）。陶启智等（2014）发现，机构投资者持股比例与企业发放现金股利的水平和概率成正比，说明公司可能利用股利政策吸引机构投资者。王会娟等（2014）认为，不同机构投资者与发放现金股利的水平关系不同，当私募股权投资比例较高时，公司倾向于分配现金股利，且现金股利支付率较高。贺玮（2015）发现，创业板上市公司发放现金股利的倾向和股利支付率也受私募持股比例的影响。一些学者发现，境外机构投资者的持股比例与现金股利支付率成正比，说明公司倾向于通过现金分红引进外资，但更高的现金股利支付率不能吸引更多的境外机构投资者（吴卫华、万迪昉，2012；卢建词、姜广省，2018）。另外，吴超鹏和张媛（2017）指出，由于风险投资机构有助于缓解融资约束，因此风投机构持股比例越高，现金支付概率和水平均越高，尤其是在风投机构参与董事会和短期套现压力较大时。

孙刚等（2015）认为，我国机构投资者持股决策主要受股利税收成本的影响。由于税收成本较低，非基金机构投资者持股比例越高，公司现金股利发放越多，尤其是在2008年《企业所得税法》施行后；而基金持股比例与现金股利是否发放显著负相关，社保基金与现金股利是否发放正相关。靳庆鲁等（2016）研究发现，对于社保基金发放股利的动机，国有与民营企业有所不同，国有企业主要是出于政治动机，而民营企业主要是出于经济动机。王垒等（2018）发现，压力抵制型和压力敏感型的机构投资者更偏好选择股利发放较多的公司且更加偏好股票股利；在低投资条件下，压力敏感型和压力抵制型机构投资者分别更偏好现金股利和股票股利；在高投资条件下，压力敏感型和压力抵制型机构投资者都更偏好股票股利。

（三）股权激励的影响

一种观点认为，股权激励公司更倾向于减少发放现金股利，增加发放股票股利（吕长江、张海平，2012；韩慧博等，2012），另一种观点则相反（肖淑芳、喻梦颖，2012）。强国令（2012）发现，股权分置改革提高了上市公司的现金股利分配倾向和分配力度，既有利于弥补无股权激励公司的分配不足，又有利于校正股权激励公司的分配过度。胡国强和张俊民（2013）基于上市公司高管的保护性股权激励契约考察了股权激励对现金股利的影响，发现股权激励公司的现金股利支付倾向和支付水平都显著更高。陈红和郭丹（2017）研究发现，上市公司施行股权激励计划后，现金股利支付意愿和支付水平提高；而且相比于股票期权激励，限制性股票更能显著提高公司股利发放意愿和支付率。

（四）股权质押的影响

廖珂等（2018）研究发现，控股股东股权质押股份比例和质押股权面临的平仓风险与现金股利的分配水平成反比，公司更可能选择"高送股"的利润分配方案。另外，上市公司多选择在定向增发的新股解禁期推出"高送股"的利润分配方案以帮助外部投资者进行股票减持，从而削弱外部投资者积极参与治理的良性机制（崔宸瑜等，2017）。但宋迪和杨超（2018）发现，控股股东股权质押比例与现金分红比例成正比，与股票分红比例成反比，并且当证券分析师关注度较高时，会明显削弱控股股东股权质押与现金分红之间的正向关系和控股股东股权质押与股票股利之间的负向关系。

六　税收理论与股利分配

卢月根和王春飞（2012）发现，股利所得税的下降使上市公司增加了股利支付，有助于保护中小股东的利益。然而，李增福和张淑芳（2010）发现，股利所得税的减免只是在短期内导致了上市公司现金股利发放的增加，长期却出现了效益递减现象，这是由投资者保护差异导致的。孙静等（2015）采用税后资本资产定价模型，发现我国股利分配中确实存在税收惩罚现象，即由于资本利得税低于股利所得税，个人投资者获得股利收入会产生损失，并提出减征股利所得税的建议。李正旺和王宝顺（2018）发现，我国在 2005 年、2008 年和 2013 年对股利所得税所做的三次调整，增加了上市公司发放现金股利的愿望，但是对股利支付率的影响作用很有限。文章建议有关部门制定分时段的税收优惠政策，与实际情况相结合，促进企业长期分红。

七　融资能力与股利分配

我国企业素有融资难的问题，因此融资约束可能也是影响股利分配的一个因素。张纯和吕伟（2009）发现，分析师等中介改善了企业的信息环境，进而降低了企业的融资约束程度，提高了企业的现金股利发放水平。余静文（2012）发现，信贷约束是影响企业现金股利分红的重要因素，短期融资券的推行使企业的股利分红比例上升了 1.5 个百分点。邓康林和刘名旭（2013）发现，财务柔性储备少的公司更倾向于少分配现金股利。王满和田昱昊（2014）发现，财务柔性是影响企业现金股利政策的重要因素，财务柔性和股利支付倾向成正比。赵瑞杰和吴朝阳（2017）也发现了财务柔性与公司现金股利分配政策正相关的证据。刘卿龙和杨兴全（2018）发现，企业的多元化经营通过提高企业的融资约束程度进而降低了现金股利发放率。

八　公司治理与股利分配

公司治理是公司为形成良性运行机制而设置的一系列制度安排，包括股权结构、董事会、高管、内部控制、外部审计和信息披露等多个方面。由于前面已经阐述了股权结构方面的文献，因此这里不再赘述。

（一）董事会的影响

陈立泰和林川（2011）发现，董事会规模、独立董事人数以及董事会激励程度与上市公司的现金股利派发倾向成正比；优秀的董事会更倾向于发放现金股利。林川等（2011）也得出了类似的结论。杜兴强和谭雪（2017）发现，董事会国际化程度与现金股利支付率显著正相关，尤其是在高市场化和非国有企业中，但分析师关注负向调节两者关系。高文亮等（2018）发现，董事会治理效率与公司分红意愿、水平显著正相关，但董事会规模对现金股利分配并无影响，董事会独立可以改善公司现金分红的意愿，董事会开会次数与公司现金分红的意愿显著负相关。

（二）高管的影响

已有研究主要涉及高管权力、高管能力和高管过度自信三个方面。（1）研究发现，管理层权力越大，越缺乏现金分红意愿，现金分红力度越小（王茂林等，2014；刘星、汪洋，2014；黄国良、郭道燕，2015；陈艳等，2017；张春龙、张国梁，2017）。另外，环境不确定性正向调节两者之间的正相关关系（黄国良、郭道燕，2015）。刘星和汪洋（2014）还发现，高管薪酬与现金分红意愿显著正相关，而且高管权力显著增强了高管薪酬与现金分红意愿的正向关系。陈艳等（2017）发现，高管权力过高显著削弱了现金股利决策的生命周期特征。（2）杨汉明和赵鑫露（2019）发现，我国上市公司的现金股利政策与公司管理层能力显著正相关，主要原因是管理层能力强能够提高资源使用效率，创造更多的企业价值从而加大现金股利分配力度；管理层也通过发放更多的现金股利提升自身声誉。（3）还有一些文章研究了高管过度自信对股利政策的影响。陈其安等（2010）通过对模型的分析发现，上市公司现金股利分配水平随着高管过度自信程度的提高而提高。胡秀群等（2013）发现，非国有上市公司的高管过度自信与现金股利支付率之间呈负相关关系；这种关系只在非国有企业中存在的原因是受到融资约束的影响。

（三）内部控制的影响

陈汉文和屈依娜（2016）发现，公司内部控制质量与现金股利分配力度成反比，并且内部控制质量与行业分配力度差额的绝对值显著负相关。屈依娜和陈汉文（2018）进一步分析了内部控制质量对现金股利分配的市场反应的调节作用，发现在内部控制质量较低时，现金股利分配力度的市场反应显著为正；但在内部控制质量较高时，现金股利分配力度的市场反应并不显著。

（四）外部审计的影响

林川等（2011）发现，选择四大会计师事务所进行审计的上市公司更倾向于发放现金股利。徐寿福（2012）发现，独立审计质量好有助于提高上市公司的股利支付倾向和股利支付水平，而且这种情况在非国有上市公司中更加显著。然而，魏锋（2012）发现，外部审计和企业现金股利之间呈现负相关关系，这说明外部审计是替代现金股利降低股东和管理层之间的代理冲突的一种机制。

（五）信息披露的影响

徐寿福（2013）发现，上市公司的信息披露质量与现金股利支付倾向和支付力度显著正相关。李勇（2014）也得出了同样的结论。此外，黄志典和李宜训（2017）采用公司治理指数进行研究，也发现好的公司治理可以提升公司的现金股利分配水平。张丽平和付玉梅（2017）发现，公司治理有助于股东获得现金股利；在公司治理水平高的公司中，自由现金流越多，现金股利支付倾向和支付水平越高。王国俊等（2017）发现，公司治理水平与执行现金分红新政的效果成正比。

九　宏观环境与股利分配

学者们从宏观经济状况、市场化进程、市场流动性和开放度、监管环境、产品市场竞争等多个角度分析了宏观环境与股利分配行为之间的关系。

（一）宏观经济状况

黄兴李等（2014）发现，公司现金股利政策具有反经济周期的特征，也就是说宏观经济状况与公司的现金股利支付倾向负相关，而且这种状况在低融资约束的企业中更为严重。刘星等（2015）发现，货币宽松没能提高上市公司的现金股利发放倾向，货币紧缩导致上市公司提高了现金股利发放水平。全怡等（2016）发现，紧缩货币政策抑制了现金股利的发放，融资约束强化了紧缩货币政策对现金股利的抑制作用，而银企关系有助于缓解这种抑制作用。

（二）市场化进程

杨兴全等（2014）发现，公司所在地区市场化进程越高，现金股利分配的倾向和水平越高。林川等（2016a）针对IPO公司展开研究，发现具有政治关联的IPO公司与分配现金股利程度成正比，但地区市场化进程对两者关系产生负面影响。张丽平和付玉梅（2017）发现，公司治理水平与分配现金股利程度成正比，而且在市场化程度较低的地区，两者的正向关系更加显著。

（三）市场流动性和开放度

从资本市场来看，李茂良等（2014）研究发现，股票市场流动性与2008年股利分配政策时间窗口内的市场反应呈反比，且市场流动性在政策颁布后明显增强。李茂良（2017）进一步研究发现，股票市场流动性与上市公司现金股利支付意愿和股利支付率显著负相关，并且在公司代理成本低、现金股利支付能力强的情况下，两者的负向关系更显著。另外，陈运森等（2019）研究发现，股票市场开放程度与上市公司的现金股利支付水平、股利支付率成正比。进一步地，对于非国有企业、股权制衡度较低、规模较小的企业以及董事长和总经理两职合一的企业，两者的正向关系更显著。

（四）监管环境

杨书怀（2016）发现，境外较完善的监管制度和较高的监管水平抑制了境外上市的中国公司利用公允价值损益调整来进行股利分红，应加强对公允价值损益调整的监管。

（五）产品市场竞争

王毅辉和李常青（2010）发现，产品市场竞争与企业的股利支付水平正相关，这说明产品市场竞争产生了公司治理效应。曹裕（2014）发现，在产品市场竞争激烈的情况下，控股股东更加偏好现金股利分配，产品市场竞争有助于抑制管理层的代理行为。

（六）其他

祝继高和王春飞（2013）发现，金融危机时期上市公司为应对未知风险，下调现金股利支付水平；非流通股比例高的公司在金融危机期间为了满足非流通股股东的现金需求，现金股利支付的意愿更强烈。吴春贤和杨兴全（2018）发现，地区金融发展水平虽然降低了地方政府掏空的意愿，但同时也降低了企业的预算软约束水平，最终导致地方国有企业的现金股利发放水平下降。另外，在政治不确定情况下，公司现金股利支付意愿和水平显著下降，而且在国有企业中两者的负向关系更显著（雷光勇等，2015）。杨晶等（2017）认为，网络舆论关注体现了中小投资者的积极主义，在一定程度上提高了被关注公司现金股利发放的意愿和水平。

十　股权分置改革与股利分配

马曙光等（2005）发现，股权分置改革有助于上市公司发放更多的现金股利。周县华和吕长江（2008）发现，某公司在股权分置改革过程中实施的高现金分红，严重损害了中小股东的利益，应加强对上市公司股利分配行为的监管。于静等（2010）发现，股权分置改革减少了通过现金股利进行利益输送的行为，支持了自由现金流假说。刘妍等（2014）发现，股权分置使上市公司的现金股利分配倾向下降。

十一　交叉上市与股利分配

一些文献发现，交叉上市的公司受政府干预更为严格，因此现金股利支付水平和意愿更低（覃家琦等，2016；程子健、张俊瑞，2015）。程子健等（2012）发现，A+B 股、A+H 股交叉上市公司与非交叉上市公司相比，股利政策更稳定，而 A+H+N 股交叉上市公司的股利政策最稳定。程子健和张俊瑞（2015）发现，A+B 股、A+H 股交叉上市公司与非交叉上市公司相比，股利发放水平更低；A+H+N 股交叉上市公司现金股利水平最低，国有股权性质能显著削弱两者之间的负向关系。

十二　新会计准则与股利分配

娄芳等（2010）发现，新会计准则实施之后，不同股权结构的公司的会计收益对现金股利发放力度的解释水平存在差异，股权分散公司不会将持产利得作为股利发放依据，但股权集中公司会这样做。

十三　会计信息质量与股利分配

索玲玲和杨克智（2015）发现，会计稳健性与股利分配率呈倒 U 型关系。一方面，会计稳健性可以有效缓解股东与管理层、控股股东与少数股东之间的代理问题，及时减少非效率投资，降低融资约束，提高股利支付水平；另一方面，由于会计稳健性，公司股利发放的门槛提高，从而降低股利支付水平，实现对债权人利益的保护。

十四　其他影响因素

其他影响因素包括公司价值理念、客户集中度、研发投资、企业冗员、行业、地理位置等。（1）赵燕和冯巧根（2014）研究发现，公司价值理念对现金股利的分配有一定的影响，主动承担社会责任的公司能够更好地保护中小股东的利益从而加大现金股利分配力度。（2）一些学者指出，客户集中度越高，企业对关键客户的依赖程度越大；融资约束越强，现金股利的发放意愿和发放水平越低（焦小静、张鹏伟，2017；史金艳等，2018）。（3）杨宝等（2018）提出，研发投资与现金股利分红决策显著正相关，并且现金流竞争显著增加了研发投资对现金股利分红的正向效应。但王译晗等（2018）研究发现，企业研发投入与股利发放意愿、水平呈倒 U 型关系；当研发支出占营业收入比重较低时，公司股利支付水平较高；而两者比重增加到一定程度后，公司股利支付水平开始降低。尤其是融资约束越强，企业研发投入与股利发放意愿和水平倒 U 型关系越显著。（4）陈晓珊和刘洪铎（2019）研究发现，国有企业的冗员负担使企业的劳动力成本上升、管理费用和代理成本增加、公司价值下降，从而降低了支付现金股利的概率和水平。（5）一些学者指出，不同行业的现金股利支付水平存在差异，上市公司的首发现金股利决策受到行业水平的显著影响，产生"追随效应"（权小锋等，2010a；权小锋等，2010b）。（6）蔡庆丰和江逸舟（2013）发现，地处城市中心的上市公司更愿意发放现金股利，这是为了迎合投资者。

第三节　股利分配行为的经济后果

一　对公司价值、绩效或股价的影响

周晓苏和朱德胜（2006）发现，分配现金股利的公司的财务绩效显著高于不分配现金股利的公司。杨汉明（2008b）建立联立方程考察了现金股利与企业价值之间的关系，发现二者呈现显著的负相关关系。杨汉明（2008a）考察了制造业企业的情况，发现是否发放现金股利与企业价值正相关，股利支付率与企业价值负相关。刘孟晖和高友才（2015）指出，现金股利的异常高派现行为会增加公司的代理成本，进而降低公司价值，因此公司需要通过正常派现来增加代理效率，提高公司价值。徐寿福和徐龙炳（2015）认为，现金股利的发放通过显著降低管理层与股东之间、控股股东与中小股东之间的代理成本提高了上市公司绩效。刘明和刘研召（2018）发现，我国各地区新能源上市公司的股利支付率对公司的市场价值均没有显著影响。杨汉明和赵鑫露（2019）发现，现金股利政策能正向影响管理层能力与企业绩效之间的关系。

二 对盈余质量的影响

王静等（2014）发现，发放现金股利的公司的盈余质量更好，其操控性应计利润更低，应计利润与现金流拟合度更高、盈余价值相关性更强。南晓莉和刘井建（2014）发现，高现金股利发放率的公司的盈余质量更好。李翔等（2017）发现，上市公司基于机会主义来操纵盈余管理，表现为使用真实盈余管理来配合小幅度的异常股利管理，采用应计盈余管理来迎合较大幅度的异常股利管理。张景奇（2019）发现，现金分红水平越高，公司盈余可持续性越大，而且在低长期负债企业中，两者正向关系更加显著。

三 对投资效率的影响

肖珉（2010）发现，上市公司分配现金股利有助于抑制内部现金流较多的公司进行过度投资，但是无法缓解内部现金流短缺的公司的投资不足。王茂林等（2014）也发现，发放现金股利能够减少自由现金流充裕的上市公司的过度投资，但是会加剧自由现金流短缺的公司的投资不足。刘银国等（2015）也得出了类似的结论。罗琦和李辉（2015）指出，成长性公司不支付现金股利能够缓解投资不足，成熟公司发放现金股利能够抑制过度投资。王国俊等（2015）发现，承诺高现金分红比例的公司的过度投资倾向更低。刘亭立和罗旸洋（2015）也发现，发放现金股利有助于抑制上市公司的过度投资。于晓红等（2017）发现，发放现金股利有助于抑制自由现金流过度企业的过度投资，但是不能缓解企业的投资不足。

四 对股票市场效率的影响

宋逢明等（2010）发现，现金分红能够降低上市公司股票收益率的波动，稳定的分红政策能够增强股票收益波动和基本面之间的正相关性，从而提高股票市场效率。张普等（2018）也发现，现金分红能够降低上市公司股票收益率的波动，且这种影响在创业板市场中最强，在主板市场中最弱。杨宝（2019）发现，股利平滑有助于稳定资本市场、缓解代理问题、减少股票市场错误定价。但是，吕纤和向东进（2017）发现，由于我国上市公司存在明显的股利迎合行为，发放现金股利增大了股价的同步性，降低了股价的信息效率。

五 对股价崩盘风险的影响

田昆儒和孙瑜（2016）发现，公司的现金股利分配倾向与分配水平越高，股价崩盘风险越低。但也有文献指出，过度的现金股利与上市公司的股价崩盘风险成正比（顾小龙等，2015）。林川和曹国华（2018）发现，对于创业板上市公司，单纯的现金股利政策与股价崩盘风险无显著关系；现金股利政策需要通过外部审计行为才能抑制股价崩盘风险。顾小龙等（2015）发现，控股股东控制权与现金流权的分离程度显著正向影响过度现金股利与股价崩盘风险的正向关系。田昆儒和孙瑜（2016）发现，公司的信息披露治理显著正向影响现金股利分配与股价崩盘风险的负向关系。

六　其他研究主题

罗宏和黄文华（2008）发现，发放现金股利能够抑制国有上市公司的在职消费，减少了代理问题。罗琦等（2017）发现，股权分置改革后，现金股利支付水平与权益资本成本显著负相关，尤其是在非国有股东以及终极控股股东两权分离的公司。吴育辉等（2018）发现，现金股利支付水平与债券融资成本显著负相关，这一方面是因为向投资者传递了利好信息；另一方面是因为现金股利有效地缓解了代理问题。侯广辉和张如松（2017）发现，上市公司发放现金股利对融资约束产生负向影响，但是加入研发投入作为调节变量之后，这种负向影响变为正向。

第四节　半强制股利政策

一般来说，公司根据自身的盈利状况和未来的发展需要制定股利分配政策，但国内，因缺乏有效的市场约束机制和完善的中小股东权益保护的条例，大部分公司现金分红比例较低。因此，国家出台了一系列关于公司现金分配的有关条例。2004 年 12 月 7 日，证监会颁布了《关于加强社会公众股股东权益保护的若干规定》，首次将再融资资格与股利分配相挂钩，要求上市公司最近三年未进行现金利润分配的，不得向社会公众增发新股、发行可转换公司债券或向原有股东配售股份。在 2006 年 5 月 8 日开始施行的《上市公司证券发行管理办法》中，证监会又明确规定上市公司公开发行证券应符合最近三年以现金或股票方式累计分配的利润不少于最近三年实现的年均可分配利润的 20%，即平均每年分配 7% 左右的可分配利润的条件。2008 年 10 月 9 日，证监会颁布的《关于修改上市公司现金分红若干规定的决定》中，不仅将再融资公司最近三年以现金方式累计分配利润的最低比例提高至 30%，即平均每年分配不低于 10% 的可分配利润，更重要的是，该决定只关注现金分红，不再考量送股形式的分红。这就是所谓的"半强制股利政策"。政策颁布之后，学者们对半强制股利政策对公司的影响和市场反应做了大量的研究，总体上得出了正面影响、负面影响、正负兼有或无影响三大类结论。下面分别进行阐述。

一　正面影响

一些学者认为，半强制分红政策具备治理效应。李茂良等（2014）发现，半强制分红政策颁布后股票市场的流动性显著上升，股票的市场流动性越差，累计超常收益率越高，股票的市场流动性提升得越多，累计超常收益率越高；半强制分红政策通过避免投资者在面临现金需求时被迫卖出股票以及降低投资者买卖股票的成本两条路径增加了投资者的财富。王国俊等（2017）发现，半强制分红政策有助于提高公司的现金分红支付率，有助于提升股息率与成长性和重大投资安排之间的敏感性，有助于提高公司派现意愿与成长性之间的敏感性，且公司治理水平越高，这些提升作用就越明显。许浩然和廖冠民（2018）发现，强制分红在代理成本较高的企业里，会引起正面的市场反应，具有一定改善公司治理的作用。陈金勇等（2019）发现，股利监管政策的出台能够激励高成长性企业维持股利分配政策的稳定性，进而提升企业的价值。

二　负面影响

一些学者认为，半强制分红政策带来了负面影响。李常青等（2010）发现，市场并不偏好半强制分红政策，半强制分红政策对有再融资需求或有潜在再融资需求以及竞争行业的上市公司带来了负面影响，说明该政策可能存在监管悖论。王志强和张玮婷（2012）发现，2008年颁布的半强制分红政策提高了高成长性公司的融资门槛，产生了资源配置无效率，监管当局应该减少对再融资资格的行政干预。余琰和王春飞（2014）发现，2008年的半强制分红政策颁布后，虽然有融资需求的公司增加了现金股利支付，但是往往仅达到监管要求的最低线，融资方案通过后，公司的现金支付意愿下降，存在"钓鱼式"支付（即通过达到政策要求的少量现金股利分派标准来实现大额度筹资的恶意"圈钱"行为）的情况。强国令（2014）发现，半强制分红政策出台后，控股股东持股比例高、盈利能力差的公司倾向于实施大比例分红，其主要目的是满足大股东套现和圈钱的需要，从而对公司未来绩效产生负面影响；半强制分红政策还产生"劣币驱逐良币"效应，导致大量虚假融资公司获得融资。吴世农和宋明珍（2016）指出，2006年之后的定量半强制分红政策扭曲了现金股利与市场竞争之间的有效关系，导致公司为迎合政策要求进行"逆向选择"，降低了股利支付率。李伟和白婧（2016）发现，《关于修改上市公司现金分红若干规定的决定》颁布后，上市公司现金持有价值下降，且国有上市公司的现金持有价值下降更显著，但是好的财务报告质量能够减缓公司现金持有价值的下降。吴春贤等（2017）发现，2008年以后，半强制分红政策提高了高成长性低自由现金流、高竞争性低自由现金流公司的股利发放额，但是获得商业信用后就会降低现金股利的发放倾向和发放力度，说明商业信用对政策的监管悖论起到了一定的治理作用。杨宝等（2018）发现，半强制股利政策导致公司出现"边研发，边分红"的"钓鱼式"分红行为，对公司价值和可持续发展能力产生负面影响。余国杰和赵钰（2018）发现，半强制分红政策颁布后，再融资上市公司的盈余管理程度显著提高，其中国有企业显著加强了应计盈余管理和真实盈余管理，而非国有企业因面临更为严格的监管，采用更具隐蔽性的真实盈余管理进行操纵。另外，高文亮等（2018）发现，相对于半强制分红监管较弱阶段，监管较强阶段的分红意愿和分红水平显著下降；半强制分红政策已陷入"强监管"和"弱治理"的困局；监管部门在制定分红政策时，应该更关注非直接管控，才能提高监管效率。He 和 Li（2018）发现，多数公司通过增加股利或降低利润来提高股利支付率以满足半强制分红政策要求，尤其是利润较高、国有性质、代理冲突较少的公司；但是这些公司随后产生了更多的债务，而且公司绩效和价值都出现了下降；因此，政策虽然增加了上市公司的现金分红，但付出的成本巨大。

三　正负兼有或无影响

还有一些研究认为，半强制分红政策存在正反两方面的效应或无影响。郭慧婷等（2011）发现，虽然半强制分红政策使上市公司的分红水平有所提高，但现金股利也成为大股东掏空上市公司的手段。陈云玲（2014）发现，虽然上市公司的分红意愿和分红水平在政策颁布后显著提高，但是现金充裕的公司并没有多派现，政策在保护投资者利益方面起到的作用有限。郑蓉和干胜道（2014）认为，半强制分红政策有利有弊，有利的一面是促使有融资需求的公司加大分红意愿，不利的一面是对无融资需求的公司仍然无计可施。周平（2015）发现，半强制分红政策具有两面性，一方面提高了股权融资的资金配置效率，另一方面降低了股权资金的交易效率。刘星等（2016）发现，虽然半强制分红政策提升了公司发放现金股利的意愿，但是没能提升公司的股利支付水平。戴志敏和楼杰云（2016）发现，政策一方面引导优质企业进行合理的业绩平滑，另一方面也激励普通企业过度操纵盈余。魏志华等（2017）发现，半强制分红政策具有"双刃剑"作用，一方面推动上市公司分红，另一方面也使具有再融资需求的公司通过分配股利降低代理成本、向投资者传递信号的作用变弱。刘银国等（2014）发现，半强制分红政策仅影响高资产负债率、高成长性及非国有企业，既抑制这些企业的过度投资，也容易造成投资不足。郭丽虹和刘婷（2019）也发现，半强制分红政策一方面抑制了企业的过度投资，另一方面又加剧了企业的投资不足。王国俊等（2017）发现，半强制分红政策有助于完善我国资本市场的分红机制，但是具体实施效果与上市公司的治理情况密切相关，同时政策对公司派息意愿与重大投资安排之间的敏感性也没有产生显著影响。Michael 等（2017）发现，在公司的利润水平接近而低于半强制分红政策的门槛时，会通过盈余管理调低利润，降低分红标准，说明半强制分红政策虽然有一定效果，但诱发了上市公司的盈余管理行为。陈金勇等（2017）指出，2006 年股利监管政策并没有对上市公司的股利分配行为产生任何效果。

第二章

半强制股利政策与公司股利支付行为

第一节　引言

股利政策是公司财务管理的重要政策之一。Lintner（1956）开创了股利政策研究的先河，随后几十年间，有关股利政策的研究始终受到财务研究者和实务工作者的关注。世界各国的学者们都试着运用各种不同的理论来解释股利政策，却没有得到统一的结论。Brealey 和 Myers（2003）将其视为"股利政策之争"。股利政策之所以受到研究者和实务工作者的关注，不仅在于股利政策关乎企业的分配问题，更是因为股利政策涉及投资者保护问题，成为重要的公司治理机制。股利政策发挥公司治理作用的机制主要是通过降低自由现金流来降低经理人的资源浪费行为和过度投资行为（Easterbrook，1984；Jensen，1986）。事实上，股利分配已经成为投资者保护法律制度不完善的国家保护中小股东利益的重要工具（La Porta 等，1998，2000）。来自我国的证据也表明，采用现金股利的方式可以显著抑制公司高管在职消费行为和减少企业过度投资的行为，从而降低代理成本（魏明海、柳建华，2007；罗宏、黄文华，2008）。

然而，全球资本市场出现支付股利的上市公司数量减少和股利分红比降低的现象，比如 Fama 和 French（2001）研究表明，支付现金股利的公司从 1978 年的 66.5% 下降到 1999 年的 20.8%，不仅支付股利的公司的数量在减少，而且支付股利的公司的股利分红比例也在下降。Denis 和 Osobov（2008）的研究也表明，美国、加拿大、英国、德国、法国和日本的支付股利的公司的股利分红比例在最近十年不断下降。

针对此种现象发达资本市场和发展中国家的资本市场采取了截然不同的两种方式来应对。发达资本市场拥有完善的投资者法律保护机制、健全的公司治理机制和有效的市场约束机制，所以监管机构并未对上市公司股利政策进行行政干预，而更多依赖市场的自我调节。而发展中国家由于缺乏完善的市场机制，往往直接采用监管政策的方式来强制公司分配股利，比如巴西、智利、哥伦比亚、希腊和委内瑞拉要求公司强制分配股利（Martins 和 Novaes，2012）。

在我国，由于资本市场发展比较晚，加上之前分红政策较为宽松，上市公司的股利支付自股票市场建立以来就一直处于较低

的水平，甚至还出现了不分配和恶意派现的现象。图 2-1 呈现
了 1998~2018 年我国现金分红公司数量的变化情况。以 1998 年
为例，我国现金分红的上市公司数量占上市公司总数的 30.15%，
而现金分红占净利润的比例低于 30%。

图 2-1　1998~2018 年现金分红公司数量

数据来源：Wind 数据库。

　　针对该种情况，我国既没有完全放任由资本市场自身的力
量去调整现金股利的发放，也没有强制要求公司发放现金股利，
而是采取了一条"中间道路"，即将现金股利分红与再融资相
挂钩。具体而言，证监会 2008 年颁布《关于修改上市公司现
金分红若干规定的决定》（简称《决定》），2013 年颁布《上市
公司监管指引第 3 号——上市公司现金分红》（简称《指引》），
将上市公司再融资及监管与股利分配挂钩，形成半强制股利政

策，它不同于现金股利政策由公司自主决定的模式（李常青等，2010），也不同于部分新兴市场国家强制分红政策（Shleifer 和 Vishny，1997）。然而，该政策备受争议，出于保护投资者的初衷，却可能引发"钓鱼式"股利支付行为。

本章研究半强制股利政策与股利支付行为之间的关系。研究该问题非常重要，一方面，它是研究宏观监管政策如何影响微观企业行为作用机制的重要契机；另一方面，研究该问题能够回答政策的实施效果怎样、应如何完善应对措施等问题。

基于此，本章研究半强制股利政策对股利支付行为的影响，具体而言，重点关注以下问题：（1）半强制股利政策实施后什么样的公司会受到影响？（2）受到半强制股利政策影响的公司的股利支付行为具有怎样的特征？（3）股利政策对于以往并不支付股利的公司有影响么？

本章研究发现，半强制股利政策实施后，具有再融资动机的公司会显著提高现金股利支付意愿和支付率，说明具有再融资需求的公司才更容易受到政策的影响。半强制股利政策实施后，具有再融资动机的公司更有可能满足政策要求的分红条件，说明政策具备特有的、标准的"明线测试"的特点，使公司更有动机去"撞线"从而获得再融资机会。另外，半强制股利政策对于前期从未支付过股利的公司没有任何影响，说明半强制股利政策的作用存在局限性。

本章的研究可能的贡献在于以下几点。（1）将半强制股利政策的实施与企业的动机相联系来研究政策的实施效果，与以往研究相比，证据更加直接，丰富了半强制股利政策实施效果的文献。（2）采用双重差分（Difference in Differences，DID）的方法，利用半强制股利政策颁布这个自然实验的机会，以融资动机来区分是否受到影响的对照组和控制组来分析政策的影响对象和结果，方法上更加严谨。（3）将宏观监管政策与微观企业行为相联系，研究其作用机制，有助于丰富该领域的文献。

本章以下的部分安排如下：第二节是我国半强制股利政策的形成背景；第三节是文献综述与假设提出；第四节是研究设计；第五节是样本选择与描述性统计；第六节是实证结果分析；第七节是稳健性检验；第八节是结论。

第二节　我国半强制股利政策的形成背景

半强制股利政策的出台是一个循序渐进的过程。第一个文件是 2001 年 3 月 28 日证监会颁布的《上市公司新股发行管理办法》。办法第十一条要求担任主承销商的证券公司重点关注并在尽职调查报告中予以说明的内容就有"公司最近 3 年未有分红派息，董事会对于不分配的理由未作出合理解释"。第二个文件是 2004 年 12 月 7 日证监会颁布的《关于加强社会公众股股东权益保护的若干规定》。规定第四部分明确规定，"上市公司董事会未做出现金利润分配预案的，应当在定期报告中披露原因，独立董事应当对此发表独立意见；上市公司最近三年未进行现金利润分配的，不得向社会公众增发新股、发行可转换公司债券或向原有股东配售股份"。第三个文件是 2006 年 5 月 6 日证监会发布的《上市公司证券发行管理办法》。办法第八条明确规定，"最近三年以现金或股票方式累计分配的利润不少于最近三年实现的年均可分配利润的百分之二十"。第四个文件是 2008 年 10 月 9 日证监会颁布的《关于修改上市公司现金分红若干规定的决定》。决定第三条规定，"将《上市公司证券发行管理办法》第八条第（五）项'最近三年以现金或股票方式累计分配的利润不少于最近三年实现的年均可分配利润的 20%'修改为：'最近三年以现金方式累计分配的利润不少于最近三年实现的年均可分配利润的 30%'"。第五个文件是 2013 年的《上海证券交易所上市公司现金分红指引》。指引第十条规定，"上市公司年度报告期内盈利且累计未分配利润为正，未进行现金分红或拟分配的现金红利总额（包括中期已分配的现金红利）与当年归属于上市公司股东的净利润之比低于 30% 的，公司应当在审议通过年度报告的董事会公告中详细披露以下事项：（一）结合所处行业特点、发展阶段和自身经营模式、盈利水平、资金需求等因素，对于未进行现金分红或现金分红水平较低原因的说明；（二）留存未分配利润的确切用途以及预计收益情况；（三）董事会会议的审议和表决情况；（四）独立董事对未进行现金分红或现金分红水平较低的合理性发表的独立意见"。

纵观这一系列的分红政策，我们发现政策的实施过程也是经历了从定性要求，即有公开融资需求的上市主体，到定量要求，即再融资上市的公司不仅需要分红而且数量也需要达到法定的最低标准。政策从无到有，从弱到强，不断升级（魏志华等，2014）。

第三节　文献综述与假设提出

股利政策作为投资者获取投资回报的重要方式，长期以来备受学界关注。而在我国，由于资本市场缺乏完善的市场机制，上市公司不分红现象严重，股利分配也处于不稳定、不连续的状态。为了树立投资者信心，保护他们的权益，我国出台了半强制的股利政策。该政策也在一定程度上改变了上市公司的分红行为。基于已有文献我们发现，代理理论和信号理论是两种最经典的股利解释理论。

传统的代理理论指出，现金股利的支付可以有效地降低公司管理者和股东之间的代理成本。这是因为股利的发放会减少公司的自由现金流，这样就避免了管理者因为自身利益而滥用资金，从而减少了机会主义行为。而由于大量派现，公司内部留存资金会减小，迫使公司为了新的投资而进行外部融资，这就意味着公司需要接受更为严格的外部监管。比如，公司的债权人会分析公司的经营状况和未来发展前景，上市辅导机构会仔细审查公司的融资资料，并公布给投资者。原股东也可以通过这些资料增加对公司现状和未来前景的了解。在某种程度上，新的投资者也能协助老股东监控管理者，形成了一种间接的监管机制，从而降低了股东的监督成本。目前，国内外大多数研究表明，支付现金股利能降低公司的代理成本（Lang 和 Litzenberger，1989；La Porta 等，2000；杨熠、沈艺峰，2004；徐寿福、徐龙炳，2015）。这能够作为我国股利政策的一种理论解释（陈信元等，2003；廖理、方芳，2005）。正是从现金股利的公司治理效应出发，支付现金股利可以有力地强化投资者保护。而正是在这个意义上，资本市场监管机构出台制度将现金分红与再融资挂钩。

通过证券市场融通权益资金是公司获得长期资金的重要方式。不仅如此，中国上市公司由于独特的制度环境和内部公司治理机制，表现出强烈的股权再融资偏好（黄少安、张岗，2001；肖泽忠、邹宏，2008；黄少安、钟卫东，2012）。在此背景下，我国上市公司为了获取股权再融资的资格，就必须达到监管的要求，发放现金股利（王志强、张玮婷，2012）。基于此，我们提出本章假设 1。

假设 1：半强制股利政策实施后，具有再融资动机的公司会提高现金股利支付率。

发放股利可以传递公司正常发展的信号。股利信号理论认为，由于公司的管理者了解更多公司内部消息，他们与外部投资者之间存在信息不对称。如果管理者预计公司未来业绩好，他们就会以增加股利的方式向股东或者潜在投资者传达这一利好信息。相反，如果预计未来公司业绩呈现下降或者持续不理想，管理者就会维持或者降低股利。对股利信号理论的实证研究主要集中于股利政策是否有信息含量以及有何种信息含量两个方面。

关于股利政策是否有信息含量，大量研究表明，股利是传达了公司重要信息的。但也有一些研究表明，股利变化并没有带来预期的市场反应（Lang 和 Litzenberger，1989；DeAngelo 等，1996；吕长江、许静静，2010）。关于股利政策会带来何种信息含量，研究主要集中在对公司业绩的预测。部分文献指出，股利发放和股利增加都表明了公司业绩的提升（Healy 和 Palepu，1988；Nissim 和 Ziv，2001）。另一些研究则认为，增加股利不一定表示公司业绩上升，也可能会出现公司盈利下降（Benartzi 等，1997；DeAngelo 等，1996；杨熠、沈艺峰，2004；吕长江、许静静，2010）。总的来说，笔者认为公司股利是具有信号传递作用的，能够传递公司的盈利信息，同时对股票的价格也会有一定影响（魏刚，2000；陈晓等，1998）。因此，具有再融资需求的公司很有可能为了向市场传达盈利信号而进行派现。

仅仅向市场传递信号还是远远不够的，特别是 2008 年 10 月证监会出台《关于修改上市公司现金分红若干规定的决定》，明确将再融资的条件做出了"明线规定"，即"最近三年以现金方式累计分配的利润不少于最近三年实现的年均可分配利润的30%"，这种将现金分红与再融资绑定的初衷是提高企业的现金股利支付水平，回馈市场，保障投资者的利益。然而"明线规定"和"明线测试"容易引发投资者"先予后得"的股利支付的机会主义。由于分红后再融资本身就带来融资成本的提升，加上现金股利的税收成本（朱凯等，2011），为了缓解未来的资金压力，具有再融资动机的公司更有可能仅满足支付股利分红融资的最低标准。基于此，我们本章假设2。

假设2：半强制股利政策实施后，具有再融资动机的公司更有可能满足政策要求的分红条件。

半强制股利政策一般是通过监管和融资资格来约束上市公司的分红，但对于那些业绩好却长期不分红的"铁公鸡"公司来说，半融资政策并没有起到约束作用。首先，对于"铁公鸡"公司来说，他们并没有对外融资的需求。而企业根据优序融资理论，肯定会优选内源融资，然后是债务融资，最后才是权益融资。因此，业绩良好且有着充沛现金流的"铁公鸡"公司肯定会放弃融资成本高的股权融资，选择成本低的内源融资。其次，对于监管政策来说，半强制股利政策的出台是为了规范公司的分红行为，保护投资的利益。但该政策只对有融资需求的企业产生强监管效应，并不能真正的约束无融资需求的"铁公鸡"公司。而"铁公鸡"公司也对此置若罔闻。通过以上分析我们发现，无论是融资资格还是监管，都不能很好地激励他们的分红行为。基于此，我们提出本章假设3。

假设3：半强制股利政策对"铁公鸡"公司的股利支付行为没有影响。

第四节　研究设计

本章采用DID的方法研究半强制股利政策实施对企业现金股利分红行为的影响。为了检验假设1，我们构建了以下OLS模型：

$$
\begin{aligned}
Divpay = &\ \beta_0 + \beta_1 After + \beta_2 EF + \beta_3 After \times EF + \beta_4 Bigfour \\
&+ \beta_5 Size + \beta_6 Lev + \beta_7 ROA + \beta_8 TobinQ + \beta_9 Cfo \\
&+ \beta_{10} Cycle + \beta_{11} Soe + \beta_{12} Firshare + \beta_{13} CEO \\
&+ FixedEffects + \varepsilon
\end{aligned}
\tag{2-1}
$$

其中，因变量$Divpay$表示现金股利支付率，用当年现金股利支付数额除以当年净利润度量；$After$表示政策实施的虚拟变量，在2008年（含）半强制股利政策实施后，则$After=1$，否则$After=0$；EF表示再融资动机，采用Durnev和Kim（2005）的计量方式，用近两年总资产复合增长率减去近两年负债复合增长率与留存收益增长率之和度量；交乘项 *After* × *EF* 的回归系数表示政策实施后，具有再融资动机公司的盈余管理的方向。如果假设 1 成立，则 β_3 的系数显著为正。

此外，根据 Chay 和 Suh（2009）的方法控制了表示是否国际四大审计，如果是，则 *Bigfour*=1，否则 *Bigfour*=0。*Bigfour* 公司规模 *Size*、资产负债率 *Lev*、资产收益率 *ROA*、托宾 Q 值 *TobinQ*、现金持有水平 *Cfo*、生命周期 *Cycle*（DeAngelo 等，2006）。除此之外还控制了最终控制权性质 *Soe*，第一大股东持股比例 *Firshare*，总经理和董事长是否两职合一情况 *CEO*。*FixedEffects* 表示固定效应。

为了验证假设 2，我们构建以下 Logistic 模型：

$$
\begin{aligned}
Meet = \beta_0 &+ \beta_1 After + \beta_2 EF + \beta_3 After \times EF + \beta_4 Bigfour \\
&+ \beta_5 Size + \beta_6 Lev + \beta_7 ROA + \beta_8 TobinQ + \beta_9 Cfo \\
&+ \beta_{10} Cycle + \beta_{11} Soe + \beta_{12} Firshare + \beta_{13} CEO \\
&+ FixedEffects + \varepsilon
\end{aligned}
\tag{2-2}
$$

其中，因变量 *Meet* 代表是否达到半强制股利政策所要求的再融资条件，如果最近三年累计支付的现金股利占三年平均可分配利润的比重大于 30%，则 *Meet*=1，否则 *Meet*=0。如果假设 2 成立，则 β_3 的系数显著为正。

为了检验假设 3，我们构建了以下 OLS 模型：

$$
\begin{aligned}
Divpay = \ & \beta_0 + \beta_1 After + \beta_2 Nodiv5 + \beta_3 After \times Nodiv5 \\
& + \beta_4 EF + \beta_5 Bigfour + \beta_6 Size + \beta_7 Lev + \beta_8 ROA \\
& + \beta_9 TobinQ + \beta_{10} Cfo + \beta_{11} Cycle + \beta_{12} Soe \\
& + \beta_{13} Firshare + \beta_{14} CEO + FixedEffects + \varepsilon
\end{aligned}
\tag{2-3}
$$

其中，$Nodiv5$ 表示从不发放现金股利的虚拟变量。相应的公司被俗称为"铁公鸡"公司。如果最近 5 年盈利但没有支付现金股利，则 $Nodiv5=1$，否则 $Nodiv5=0$。$After$ 与 $Nodiv5$ 的交乘项是否显著异于 0，是假设 3 要考察的主要对象。

具体变量定义见表 2-1。

表 2-1　变量定义

变量类型	变量符号	变量含义和计算方法
被解释变量	$Divpay$	表示现金股利支付率，当年现金股利支付数额 / 当年净利润
	$Divdum$	表示是否支付现金股利的虚拟变量，公司当年支付了现金股利，则 $Divdum=1$，否则 $Divdum=0$
	$Meet$	表示是否达到半强制股利政策所要求的再融资条件，如果最近三年累计支付的现金股利占三年平均可分配利润的比重大于 30%，则 $Meet=1$，否则 $Meet=0$
	$Meet2$	表示是否达到半强制股利政策所要求的再融资条件，如果最近三年累计支付的现金股利占三年平均可分配利润的比重为 30%~35%，则 $Meet2=1$，否则 $Meet2=0$

续表

变量类型	变量符号	变量含义和计算方法
解释变量	Nodiv5	表示从不发放现金股利的虚拟变量，如果最近 5 年盈利但没有支付现金股利，则 Nodiv5=1，否则 Nodiv5=0
	Nodiv3	表示从不发放现金股利的虚拟变量，如果最近 3 年盈利但没有支付现金股利，则 Nodiv3=1，否则 Nodiv3=0
	After	表示政策实施的虚拟变量，在 2008 年（含）半强制股利政策实施后，则 After=1，否则 After=0
	EF	表示再融资动机，近两年总资产复合增长率 −（近两年负债复合增长率 + 留存收益增长率）（Durnev 和 Kim，2005）
	Dumseo	表示再融资动机，用当年是否公布了再融资预案来表示（魏志华等，2014），如果公布，则 Dumseo=1，否则 Dumseo=0
控制变量	Bigfour	表示是否国际四大审计，如果是，则 Bigfour=1，否则 Bigfour=0
	Size	表示公司规模，期末总资产取自然对数
	Lev	表示资产负债率，期末总负债 / 总资产
	ROA	表示资产收益率，当期净利润 / 总资产
	TobinQ	表示托宾 Q 值，（股权市值 + 债务净值）/ 期末总资产
	Cfo	表示现金持有水平，经营活动现金流量 / 期末总资产
	Cycle	表示生命周期，留存收益 / 期末总资产（Denis 和 Osobov，2008）
	Soe	表示最终控制权性质，如果为国有，则 Soe=1，否则 Soe=0
	Firshare	表示第一大股东持股比例
	CEO	表示总经理和董事长是否两职合一，如果是，则 CEO=1，否则 CEO=0

第五节　样本选择与描述性统计

一　样本选择

（一）样本基本情况

本章选取 2001~2015 年在沪深证券交易所上市的 A 股上市公司作为研究样本。股票交易数据、公司财务数据和公司治理数据都来自国泰安（CSMAR）数据库，股利支付数据来自万得（Wind）数据库。样本的筛选过程如下：（1）数据库中沪深A 股上市公司 2001~2015 年的样本总数为 44582；（2）剔除金融行业的上市公司样本 1184 个，因为金融行业与其他行业会计准则差别较大；（3）剔除 SP、PT 类公司和其他控制变量存在缺失的样本 25336 个，得到最终样本 18062 个［见表 2-2（1）］。另外，本章也对所有连续变量进行了上下 1% 的 Winsorize 处理。

（二）样本的行业分布和年度分布

样本的行业分布情况如表 2-2（2）所示，其中制造业样本8888 个，占总样本的 49.21%，是所有行业中占比最大的；其次信息传输、软件和信息技术服务业样本占样本总量的 11.50%，批发和零售业样本占样本总量的 8.23%，占比最小的是传播与文化产业样本，占比为 1.16%。这与我国上市公司的行业分布类似。样本的年度分布情况如表 2-2（3）所示。从样本年度分布状况来看，样本数逐年增加，由 2001 年的 682 个增加到 2015 年的 1874 个。这与我国资本市场的稳步发展、上市公司数目稳步增加相符合。

表 2-2　样本选择

单位：个，%

（1）样本选择		
CSMAR 数据库中 2001 ～ 2015 年样本量		44582
减：金融行业的样本量		（1184）
减：SP、PT 类和其他控制变量存在缺失的样本量		（25336）
最终研究样本量		18062
（2）样本的行业分布		
	样本量	占比
农、林、牧、渔业	258	1.43
采矿业	587	3.25
制造业	8888	49.21
电力、热力、燃气及水生产和供应业	980	5.43
建筑业	492	2.72
交通运输、仓储和邮政业	738	4.09
信息传输、软件和信息技术服务业	2078	11.50
批发和零售业	1487	8.23
房地产业	1337	7.40
居民服务、修理和其他服务业	754	4.17
文化、体育和娱乐业	209	1.16
综合	254	1.41
合计	18062	100

续表

（3）样本的年度分布

	样本量	占比
2001	682	3.78
2002	759	4.20
2003	807	4.47
2004	873	4.83
2005	905	5.01
2006	981	5.43
2007	1011	5.60
2008	1074	5.95
2009	1190	6.59
2010	1242	6.88
2011	1352	7.49
2012	1620	8.97
2013	1810	10.02
2014	1882	10.42
2015	1874	10.38
合计	18062	100

注：括号内的数字为减数。

二　描述性统计

表 2-3 为样本数据的描述性统计。*Divpay* 的均值为 0.270，中位数为 0.201，说明平均而言，上市公司支付的现金股利达到年均利润的 27.0%，这与以前的研究（祝继高、王春飞，2013；余琰、王春飞，2014）大体类似；*Meet* 的均值为 0.739，说明平均而言，样本中累计三年支付的现金股利占三年平均可分配利润的比重大于 30% 的公司达到总样本的 73.9%；*Nodiv*5 的均值为 0.130，说明

平均而言，有 13.0% 的公司在最近 5 年盈利但没有支付现金股利，*After* 的均值为 0.667，表示半强制股利政策颁布实施后的样本占到 66.7%。其他变量的情况也和以前的研究基本类似。

表 2-3　描述性统计

变量	均值	中位数	标准差	最小值	四分位数	第三四分位数	最大值	样本量
Divpay	0.270	0.201	0.307	0.000	0.000	0.410	2.123	18062
Meet	0.739	1.000	0.439	0.000	0.000	1.000	1.000	18062
Nodiv5	0.130	0.000	0.337	0.000	0.000	0.000	1.000	18062
After	0.667	1.000	0.471	0.000	0.000	1.000	1.000	18062
EF	−0.289	−0.206	0.501	−4.271	−0.425	−0.041	0.991	18062
Bigfour	0.069	0.000	0.253	0.000	0.000	0.000	1.000	18062
Size	21.872	21.715	1.235	18.266	21.010	22.557	27.294	18062
Lev	0.478	0.486	0.199	0.038	0.335	0.622	3.805	18062
ROA	0.036	0.031	0.053	−0.703	0.012	0.057	0.355	18062
TobinQ	0.480	0.487	0.198	0.046	0.338	0.623	3.808	18062
Cfo	0.049	0.048	0.076	−0.323	0.008	0.092	0.387	18062
Cycle	0.119	0.128	0.218	−4.837	0.070	0.203	0.562	18062
Soe	0.603	1.000	0.489	0.000	0.000	1.000	1.000	18062
Firshare	0.377	0.360	0.160	0.082	0.249	0.499	0.813	18062
CEO	0.147	0.000	0.354	0.000	0.000	0.000	1.000	18062

三　变量之间的相关系数

表 2-4 展示了本章主要变量的 Pearson 相关系数和 Spearman 相关系数。*Divpay* 和 *Meet* 的两种相关系数分别为 0.464 和 0.597，

表 2-4　变量之间的相关系数

	Divpay	Meet	Nodiv5	After	EF	Bigfour	Size	Lev	ROA	TobinQ	Cfo	Cycle	Soe	Firshare	CEO
Divpay	1.000	0.597 <.0001	-0.445 <.0001	-0.001 0.900	-0.142 <.0001	0.105 <.0001	0.165 <.0001	-0.194 <.0001	0.343 <.0001	-0.195 <.0001	0.202 <.0001	0.317 <.0001	0.027 0.000	0.162 <.0001	-0.011 0.156
Meet	0.464 <.0001	1.000	-0.649 <.0001	0.042 <.0001	-0.215 <.0001	0.085 <.0001	0.225 <.0001	-0.168 <.0001	0.382 <.0001	-0.169 <.0001	0.178 <.0001	0.421 <.0001	0.013 0.076	0.157 <.0001	-0.008 0.260
Nodiv5	-0.340 <.0001	-0.649 <.0001	1.000	0.012 0.104	0.172 <.0001	-0.070 <.0001	-0.254 <.0001	0.128 <.0001	-0.281 <.0001	0.131 <.0001	-0.130 <.0001	-0.424 <.0001	-0.018 0.014	-0.152 <.0001	0.017 0.020
After	-0.035 <.0001	0.042 <.0001	0.012 0.104	1.000	0.070 <.0001	-0.012 0.094	0.283 <.0001	0.006 0.385	0.029 <.0001	0.007 0.322	-0.060 <.0001	0.215 <.0001	-0.219 <.0001	-0.132 <.0001	0.157 <.0001
EF	-0.012 0.097	0.042 <.0001	0.172 <.0001	0.046 <.0001	1.000	-0.020 0.006	-0.101 <.0001	-0.068 <.0001	-0.390 <.0001	-0.068 <.0001	-0.062 <.0001	-0.155 <.0001	0.020 0.007	-0.105 <.0001	-0.012 0.097
Bigfour	0.073 <.0001	0.085 <.0001	-0.070 <.0001	-0.012 0.094	0.000 0.977	1.000	0.267 <.0001	0.032 <.0001	0.085 <.0001	0.031 <.0001	0.085 <.0001	0.091 <.0001	0.114 <.0001	0.124 <.0001	-0.051 <.0001
Size	0.086 <.0001	0.221 <.0001	-0.249 <.0001	0.278 <.0001	-0.055 <.0001	0.344 <.0001	1.000	0.371 <.0001	0.077 <.0001	0.369 <.0001	0.036 <.0001	0.108 <.0001	0.168 <.0001	0.171 <.0001	-0.053 <.0001
Lev	-0.173 <.0001	-0.177 <.0001	0.149 <.0001	0.001 0.916	-0.078 <.0001	0.030 <.0001	0.344 <.0001	1.000	-0.371 <.0001	1.000 <.0001	-0.167 <.0001	-0.529 <.0001	0.148 <.0001	-0.001 0.919	-0.087 <.0001

续表

	Divpay	Meet	Nodiv5	After	EF	Bigfour	Size	Lev	ROA	TobinQ	Cfo	Cycle	Soe	Firshare	CEO
ROA	0.188	0.362	-0.287	0.049	-0.159	0.069	0.106	-0.354	1.000	-0.371	0.386	0.611	-0.077	0.109	0.035
	<.0001	<.0001	<.0001	<.0001	<.0001	<.0001	<.0001	.0001		<.0001	<.0001	<.0001	<.0001	<.0001	<.0001
TobinQ	-0.175	-0.179	0.152	0.002	-0.078	0.029	0.341	0.999	-0.355	1.000	-0.167	-0.530	0.146	-0.002	-0.086
	<.0001	<.0001	<.0001	0.785	<.0001	<.0001	<.0001	<.0001	.0001		<.0001	<.0001	<.0001	0.806	<.0001
Cfo	0.141	0.166	-0.120	-0.054	-0.019	0.076	0.032	-0.168	0.352	-0.169	1.000	0.275	0.043	0.088	-0.019
	<.0001	<.0001	<.0001	<.0001	0.011	<.0001	<.0001	<.0001	<.0001	<.0001		<.0001	<.0001	<.0001	0.010
Cycle	0.192	0.391	-0.486	0.086	-0.062	0.070	0.212	-0.417	0.475	-0.424	0.207	1.000	-0.117	0.057	0.072
	<.0001	<.0001	<.0001	<.0001	<.0001	<.0001	<.0001	<.0001	<.0001	<.0001	<.0001		<.0001	<.0001	<.0001
Soe	0.018	0.013	-0.018	-0.219	0.017	0.114	0.187	0.146	-0.062	0.144	0.045	-0.015	1.000	0.267	-0.233
	0.016	0.076	0.014	<.0001	0.025	<.0001	<.0001	<.0001	<.0001	<.0001	<.0001	0.039		<.0001	<.0001
Firshare	0.144	0.153	-0.147	-0.138	-0.088	0.126	0.202	-0.009	0.107	-0.010	0.084	0.109	0.267	1.000	-0.087
	<.0001	<.0001	<.0001	<.0001	<.0001	<.0001	<.0001	0.238	<.0001	0.172	<.0001	<.0001	<.0001		<.0001
CEO	-0.014	-0.008	0.017	0.157	-0.010	-0.051	-0.058	-0.086	0.031	-0.086	-0.021	0.016	-0.233	-0.091	1.000
	0.058	0.260	0.020	<.0001	0.159	<.0001	<.0001	<.0001	<.0001	<.0001	0.005	0.036	<.0001	<.0001	

注：Pearson 相关系数在左下，Spearman 相关系数在右上；同一格内下方的数字表示显著性水平。

并在 1% 的水平下显著；*Divpay* 与 *Nodiv*5 的两种相关系数分别为 −0.340 和 −0.445，并在 1% 的水平下显著，说明支付股利和不支付股利的"铁公鸡"公司可能本来就是两类不同的公司；*Divpay* 与 *After* 的 Pearson 相关系数为 −0.035，并在 1% 的水平下显著，两者的 Spearman 相关系数为 −0.001，符号与 Pearson 相关系数相同，但是并不显著。

第六节　实证结果分析

表 2−5 呈现了半强制股利政策对具有再融资动机的公司股利支付率的影响，展示了从不加控制变量到加入控制变量效应的结果。从第（1）列可以看出，再融资动机 *EF* 与政策实施变量 *After* 的交乘项的系数为 0.049，并在 1% 的水平下显著，同时 *EF* 的系数为 −0.039，也在 1% 的水平下显著，说明在半强制股利政策实施前，具有再融资动机的公司会降低现金股利支付率，但是在半强制股利政策实施后，具有再融资动机的公司会提高现金股利支付率，在政策实施后，具有再融资动机的公司的现金股利支付率大约提高了 5 个百分点。这表明半强制股利政策改变了上市公司的分红行为，具有再融资动机的公司在半强制股利政策实施后提高了现金股利支付率。假设 1 得到支持。

表 2-5 半强制股利政策与股利支付

	Divpay（1）	Divpay（2）	Divpay（3）
After	−0.007	−0.021***	−0.023***
	（−0.90）	（−2.60）	（−2.84）
EF	−0.039***	−0.035***	−0.035***
	（−4.23）	（−4.37）	（−4.35）
After×EF	0.049***	0.061***	0.059***
	（4.56）	（6.53）	（6.32）
Bigfour		0.015	0.017
		（0.96）	（1.11）
Size		0.029***	0.029***
		（7.68）	（7.82）
Lev		0.356	0.224
		（0.61）	（0.41）
ROA		0.390***	0.400***
		（5.18）	（5.43）
TobinQ		−0.597	−0.466
		（−1.02）	（−0.86）
Cfo		0.259***	0.223***
		（7.37）	（6.32）
Cycle		0.073***	0.074***
		（2.91）	（3.02）
Soe		−0.014*	−0.017**
		（−1.79）	（−2.11）
Firshare		0.187***	0.187***
		（7.72）	（7.75）
CEO		−0.006	−0.006
		（−0.71）	（−0.64）
常数项	0.273***	−0.321***	−0.385***
	（34.52）	（−4.43）	（−4.95）

续表

	Divpay （1）	Divpay （2）	Divpay （3）
行业固定效应	否	否	是
年度固定效应	否	否	是
公司聚类	是	是	是
样本量	18062	18062	18062
Adj R^2	0.003	0.087	0.095

注：括号内为 t 统计量，***、**、* 分别表示在 1%、5%、10% 的水平下显著。

表 2-6 采用 Logistic 模型分析了半强制股利政策对具有再融资动机的公司满足政策要求的分红条件的影响。表 2-6 的第（1）~（3）列分别采用不同的控制变量。从表 2-6 的第（1）列中可以看出表示政策实施的变量 *After* 和表示再融资动机的变量 *EF* 的交乘项的系数为 0.046，符号为正；第（2）~（3）列中该交乘项的系数分别为 0.316 和 0.307，并都在 1% 的水平下显著，表示半强制股利政策改变了上市公司进行现金股利分配的动机，具有再融资动机的公司更可能满足再融资条件。

表 2-6 半强制股利政策与再融资达标

	Meet （1）	Meet （2）	Meet （3）
After	0.239*** （3.92）	−0.106 （−1.40）	−0.155** （−2.00）
EF	−0.623*** （−5.23）	−0.298*** （−3.18）	−0.300*** （−3.19）

续表

	Meet（1）	Meet（2）	Meet（3）
After×EF	0.046	0.316***	0.307***
	（1.62）	（2.74）	（2.65）
Bigfour		−0.080	−0.092
		（−0.40）	（−0.47）
Size		0.375***	0.384***
		（8.57）	（8.53）
Lev		110.022***	107.689***
		（4.03）	（3.89）
ROA		13.822***	13.976***
		（11.94）	（12.13）
TobinQ		−110.882***	−108.521***
		（−4.05）	（−3.91）
Cfo		1.164***	0.834**
		（3.03）	（2.20）
Cycle		8.113***	8.220***
		（13.73）	（13.84）
Soe		−0.027	−0.051
		（−0.32）	（−0.60）
Firshare		1.421***	1.382***
		（5.65）	（5.52）
CEO		−0.077	−0.072
		（−0.80）	（−0.76）
常数项	0.730***	−8.241***	−9.161***
	（13.01）	（−9.28）	（−9.22）
行业固定效应	否	否	是
年度固定效应	否	否	是
公司聚类	是	是	是
样本量	18062	18062	18062
Pseudo R^2	0.012	0.274	0.280

注：括号内为 t 统计量，***、**、* 分别表示在 1%、5%、10% 的水平下显著。

表 2-7 分析了半强制股利政策对"铁公鸡"公司的股利支付行为的影响。表 2-7 的第（1）~（3）列中 *After* 和 *Nodiv*5 的交乘项都不显著，说明半强制股利政策对最近 5 年都没有进行过现金分红的"铁公鸡"公司并无效果，不会提高其在政策执行之后的股利分红。

表 2-7　半强制股利政策与"铁公鸡"公司的股利支付行为

	Divpay （1）	*Divpay* （2）	*Divpay* （3）
After	−0.023***	−0.020***	−0.021***
	（−3.06）	（−2.63）	（−2.69）
*Nodiv*5	−0.326***	−0.289***	−0.287***
	（−46.27）	（−35.84）	（−35.25）
*After×Nodiv*5	0.023	0.014	0.012
	（1.60）	（1.47）	（1.39）
EF		0.010***	0.009**
		（2.59）	（2.30）
Bigfour		0.029**	0.031**
		（2.01）	（2.18）
Size		0.013***	0.014***
		（3.96）	（4.05）
Lev		0.495	0.340
		（1.04）	（0.78）
ROA		0.275***	0.279***
		（5.06）	（5.24）
TobinQ		−0.726	−0.571
		（−1.51）	（−1.30）
Cfo		0.266***	0.232***
		（8.36）	（7.30）

续表

	Divpay（1）	Divpay（2）	Divpay（3）
Cycle		−0.106***	−0.104***
		（−6.88）	（−6.74）
Soe		−0.007	−0.009
		（−0.97）	（−1.32）
Firshare		0.156***	0.155***
		（7.18）	（7.14）
CEO		−0.005	−0.005
		（−0.67）	（−0.56）
常数项	0.326***	0.074	0.024
	（46.27）	（1.10）	（0.33）
行业固定效应	否	否	是
年度固定效应	否	否	是
公司聚类	是	是	是
样本量	18062	18062	18062
Adj R²	0.116	0.152	0.160

注：***、**、* 分别表示在 1%、5%、10% 的水平下显著。

第七节　稳健性检验

一　将现金股利支付率改为现金分红倾向

我们通过改变关键变量定义的选择，进一步验证了模型结果的稳健性。我们将现金股利支付率 *Divpay* 改为 *Divdum*，

Divdum 表示是否支付现金股利的虚拟变量，如果公司当年支付了现金股利，则 *Divdum*=1，否则 *Divdum*=0。将是否达到半强制股利政策所要求的再融资条件的变量 *Meet* 更换为 *Meet*2。*Meet*2 表示如果最近三年累计支付的现金股利占三年平均可分配利润的比重为 30%~35%，则 *Meet*2=1，否则 *Meet*2=0。另外，我们将最近 5 年盈利但没有支付现金股利的变量 *Nodiv*5 换成最近 3 年盈利但没有支付现金股利的变量 *Nodiv*3。表 2-8 展示了上述稳健性分析的结果。*After* 与 *EF* 交乘项与 *Divdum* 显著正相关，*After* 与 *EF* 交乘项与 *Meet*2 显著正相关，*After* 与 *Nodiv*3 的交乘项仍然不显著，和主回归得出的结论一致，进一步验证了结论的稳定性和可靠性。

表 2-8　稳健性检验

	Divdum（1）	*Meet*2（2）	*Divpay*（3）
After	0.252***	0.759***	−0.037***
	（3.71）	（5.07）	（−4.92）
EF	−0.603***	−0.304**	0.014***
	（−6.80）	（−2.15）	（3.79）
After×EF	0.519***	0.124*	
	（4.83）	（1.81）	
*Nodiv*3			−0.334***
			（−44.98）
*After×Nodiv*3			0.032
			（1.55）

续表

	Divdum （1）	Meet2 （2）	Divpay （3）
Bigfour	−0.069	−0.967***	0.030**
	（−0.46）	（−3.48）	（2.17）
Size	0.497***	0.056	0.010***
	（12.91）	（1.03）	（3.06）
Lev	142.381***	34.253	0.428
	（4.81）	（1.60）	（1.01）
ROA	26.119***	1.805	0.041
	（20.01）	（1.62）	（0.80）
TobinQ	−143.299***	−31.410	−0.643
	（−4.83）	（−1.47）	（−1.51）
Cfo	0.692**	−2.116***	0.229***
	（2.07）	（−3.63）	（7.61）
Cycle	6.180***	5.309***	−0.102***
	（13.07）	（8.84）	（−7.25）
Soe	−0.023	−0.226*	−0.010
	（−0.32）	（−1.85）	（−1.45）
Firshare	0.956***	−0.505	0.137***
	（4.56）	（−1.36）	（6.69）
CEO	0.027	−0.232	−0.004
	（0.35）	（−1.57）	（−0.46）
常数项	−12.189***	−6.889***	0.163**
	（−13.84）	（−6.04）	（2.50）
行业固定效应	是	是	是
年度固定效应	是	是	是
公司聚类	是	是	是
样本量	18062	18062	18062
Adj R²/ Pseudo R²	0.311	0.086	0.207

注：***、**、* 分别表示在 1%、5%、10% 的水平下显著。

二 更换再融资动机的代理变量

下面通过更换再融资动机的代理变量进行稳健性分析。将原来表示再融资动机的变量 *EF* 改为 *Dumseo*，*Dumseo* 用当年是否公布了再融资预案来表示（魏志华等，2014）。表 2-9 的第（1）（2）列列示了回归结果，*After* 与再融资动机 *Dumseo* 的交乘项仍然显著异于 0。进一步验证了结论的稳定性和可靠性。

表 2-9 稳健性检验：更换再融资动机变量

	Divpay （1）	*Meet* （2）
After	−0.040***	−0.206***
	（−5.48）	（−2.81）
Dumseo	0.025	1.023***
	（1.50）	（4.79）
After×Dumseo	0.004*	1.192*
	（1.72）	（1.84）
Bigfour	0.019	−0.084
	（1.23）	（−0.43）
Size	0.029***	0.384***
	（7.83）	（8.55）
Lev	0.212	109.030***
	（0.39）	（3.91）
ROA	0.384***	14.284***
	（5.28）	（12.51）
TobinQ	−0.455	−109.840***
	（−0.84）	（−3.93）

续表

	Divpay（1）	Meet（2）
Cfo	0.226***	0.770**
	（6.40）	（2.04）
Cycle	0.071***	8.213***
	（2.92）	（13.90）
Soe	−0.017**	−0.062
	（−2.11）	（−0.73）
Firshare	0.185***	1.401***
	（7.67）	（5.57）
CEO	−0.006	−0.066
	（−0.70）	（−0.69）
常数项	−0.375***	−9.149***
	（−4.83）	（−9.24）
行业固定效应	是	是
年度固定效应	是	是
公司聚类	是	是
样本量	18062	18062
Adj R²/ Pseudo R²	0.093	0.283

注：***、**、* 分别表示在 1%、5%、10% 的水平下显著。

三　公司固定效应模型

为了减少有可能控制变量的遗漏带来的内生性困扰，下面通过公司固定效应模型进一步验证结果的稳健性。表 2-10 展示了稳健性分析结果，结果相同，进一步验证了结论的稳定性和可靠性。

表 2-10 稳健性检验：公司固定效应模型

	Divpay
After	−0.041***
	（−4.97）
EF	−0.020***
	（−2.77）
After×EF	0.025***
	（2.90）
Bigfour	0.026
	（1.46）
Size	0.028***
	（5.13）
Lev	0.328
	（0.69）
ROA	0.058
	（0.95）
TobinQ	−0.651
	（−1.37）
Cfo	0.098***
	（3.05）
Cycle	−0.008
	（−0.35）
Soe	−0.007
	（−0.49）

续表

	Divpay
Firshare	0.224***
	（6.19）
CEO	−0.000
	（−0.03）
常数项	−0.258**
	（−2.23）
年度固定效应	是
公司固定效应	是
公司聚类	是
样本量	18062
公司数量	2047
Adj R²	0.033

注：***、**、* 分别表示在 1%、5%、10% 的水平下显著。

第八节　结论

本章选取 2001~2015 年再融资上市公司作为研究对象，并以 2008 年半强制股利政策的颁布为节点，对再融资公司的股利分配行为进行了研究。研究结果为：半强制股利政策实施后，有再融资需求的公司会提高现金股利支付率和分配意愿；同时，半强制股利政策实施后有更多的具有再融资动机的公司会选择达到监管要求的分红标准。然而，政策对那些业绩好但长期不分红的"铁公鸡"公司并没有起到明显的约束作用。

　　为此，本章对政策的改善提出如下建议。"一刀切"的分红方式存在弊端，监管部门应该具体问题具体分析，针对不同类型的行业或者企业划分不同的标准，这样就给那些现金匮乏但需要融资的成长性企业提供了投资机会。而对于那些"一毛不拔"的"铁公鸡"公司，监管部门应该设立新的更为严格的分红要求，从而保护投资者的利益，这样也有利于我国资本市场的发展。

第三章
半强制股利政策与公司权益资本成本

第一节　引言

　　股利问题是公司财务决策的重要内容之一，也是公司财务研究中最具争议的领域之一。股利分红可以降低公司的自由现金流水平，从而降低公司的第一类代理问题（股东与经理人之间的代理问题），减少经理人建立经理帝国和过度投资的行为（Easterbrook，1984；Jensen，1986）。La Porta 等（1998，2000）的研究表明，相对于法律制度完善的国家而言，投资者保护相对不完善的国家更倾向于采用强制性的股利分配政策来保护中小股东的利益。来自国内的证据也表明，支付现金股利可以显著抑制公司高管在职消费行为从而减少代理成本（罗宏、黄文华，2008）；支付现金股利也可以抑制企业的过度投资行为（魏明海、柳建华，2007）。这样，股利支付行为往往与低代理成本相关，从而降低了权益融资的成本。

成熟资本市场也出现了现金股利分红不断降低的趋势（Denis 和 Osobov，2008）。针对这种情况，英美等国主要采取了通过市场自发调节的策略。我国的情况是，20 世纪 90 年代后期，进行分红的上市公司的比例和分红的水平都呈现下降趋势（李常青，1999）。所以证监会从 2001 年开始，将再融资的资格与现金分红相联系，不满足现金分红相应条件的不能进行再融资。2008 年 10 月发布的《关于修改上市公司现金分红若干规定的决定》要求，上市公司公开发行证券应该符合最近三年以现金方式累计分配的利润不少于最近三年实现的年均可分配利润的 30%。该政策的出台虽然有助于公司增加股利分红，但也引起很多质疑。其一，根据优序融资理论，内源融资成本远低于外源融资（Myers 和 Majluf，1984），但是根据新的监管要求，如果公司有融资需求，反而需要先分红，并且达到利润的一定比例之后才能进行融资，而不是在有资金需求的时候首先满足融资要求再分发股利，所以对于具有融资需求的公司而言，并不符合基本的优序融资理论。Kim 等（2017）的研究也表明，在正常市场条件下，当公司盈利能力下降后，公司不会为了维持通常的股利水平而进行盈余管理，相反，公司会降低惯常的股利分红而保持较低的权益资本成本。其二，半强制股利政策将再融资与分红政策相联系，也可能会激发公司为了获取再融资资格而进行"迎合式""钓鱼式"股利分红，这样获得的再融资机会反而对投资者保护无益。余琰和王春飞（2014）的研究就发现了上市公司再融资方案通过之后支付现金股利的意愿显著下降的现象。以上两种情况都可能增加公司运营的成本和风险，从而提高权益融资的成本。

半强制股利政策的实施如何影响公司权益融资成本？首先，对这个问题的回答有益于保护投资者利益。事实上，公司权益融资成本与投资者保护呈现显著的负相关关系（Himmelberg 等，2002；姜付秀等，2008）。获得融资机会、补充公司正常经营所需要的资金，有助于公司价值的提升从而有益于维护投资者的正常收益；被资本市场认同，能够以更低成本进行权益融资，同样是提升公司价值的重要方面。其次，该问题的研究有益于评价半强制股利政策下，资本市场是否能够充分辨别不同融资动机公司从而呈现不同的成本，这有助于完善和改进政策的内容。

国内还没有对半强制股利政策与权益资本成本的关系进行系统研究。基于此，本章研究了半强制股利政策对权益资本成本的影响，具体而言，重点关注了以下问题。（1）半强制股利政策的实施是否降低了公司的权益资本成本？（2）半强制股利政策实施后，具有不同特征的公司的权益资本成本是否有所差异？

研究发现，从整体上，半强制股利政策实施后公司权益资本成本显著降低，但是具有不同特征的公司的权益资本成本变化不同。具有"门槛股利"支付行为的公司，也即最近三年以现金方式累计分配的利润与最近三年实现的年均可分配利润的比例为30%~35%的公司，在政策实施后权益融资成本显著提高。自由现金流多的公司在政策实施后权益成本显著降低。这些发现表明，资本市场对融资动机具有一定的识别能力。进一步的研究发现，面临不同融资约束、不同治理环境和不同盈利特征的公司，"门槛股利"支付行为下的权益资本成本不同：面临融资约束较多的非国有公司、机构投资者持股比例低的公司和盈利情况相对较差的公司在政策实施后的"门槛股利"支付行为显著提高了权益资本成本。

本章的研究贡献主要体现在如下三点。（1）首次系统研究了半强制股利政策与权益资本成本之间的关系。以往的研究主要集中在半强制股利政策的市场反应（李常青等，2010）、半强制股利政策对股利支付行为的影响（陈云玲，2014；余琰、王春飞，2014；魏志华等，2014）、半强制股利政策与投资行为的关系（陈艳等，2015）、半强制股利政策与股东财务效应的关系（李茂良等，2014），还没有半强制股利政策与权益资本成本之间关系的系统证据，本研究弥补了该空白。（2）研究发现，具有操控动机的"门槛股利"支付行为会提高政策实施后的权益资本成本，这既有益于政策制定者改进政策，避免"一刀切"所带来的问题，也对需要融资的公司管理层有所启发。（3）本研究还丰富了不完善资本市场国家采用政策工具来保护投资者利益与权益资本成本之间关系的文献。以往文献在研究投资者保护与权益资本成本之间关系时，比较容易受到内生性的影响，本章借助中国颁布政策来强化股利分红这个自然实验的机会，采用双重差分（DID）的方法，以有操控融资条件的公司作为实验组来分析政策颁布前后权益资本成本的变化，方法上更加严谨，也丰富了投资者保护与权益资本成本之间关系的文献。

　　本章以下的部分安排如下：第二节是文献综述与假设提出；第三节是研究设计；第四节是样本选择与描述性统计；第五节是实证结果分析；第六节是稳健性检验；第七节是进一步分析；第八节是结论。

第二节　文献综述与假设提出

　　世界范围内出现上市公司股利支付范围和比例降低的现象，比如 Fama 和 French（2001）研究表明支付现金股利的公司从1978 年的 66.5% 下降到 1999 年的 20.8%，不仅支付股利的公司的数量在减少，而且支付股利的公司的股利分红的比例也在下降。Denis 和 Osobov（2008）的研究也表明，美国、加拿大、英国、德国、法国和日本的支付股利的公司的股利分配比例在最近十年不断下降。

　　我国上市公司的股利支付面临着同样的问题（李常青，

1999）。监管机构为改善股利支付的状况，从 2001 年起陆续出台《上市公司新股发行管理办法》《关于加强社会公众股股东权益保护的若干规定》《关于修改上市公司现金分红若干规定的决定》，将再融资政策与股利分红行为挂钩。这样的制度安排虽然不具有强制性，但是可以对有再融资需求或潜在再融资需求的上市公司形成约束，所以被称为"半强制分红政策"（李常青等，2010）。而众多研究表明，半强制分红政策确实提高了中国资本市场的派现意愿和派现水平（魏志华等，2014）。

　　支付现金股利可以降低代理成本。Easterbrook（1984）发现，持续的股利分红可以迫使公司在面临资金需求时只能选择从外部市场进行融资，面临更加严格的监管，从而降低代理成本。Jensen（1986）从自由现金流的角度出发，认为公司保持过多的自由现金流是危险的，现金分红政策是避免经理将自由现金流投资在净现值为负的项目的有效办法。La Porta 等（1998，2000）的研究也表明，支付股利往往可以减少自由现金流，从而缓解内部人和外部股东之间的矛盾冲突。新兴市场国家的投资者保护相对较差，发放现金股利可以有力减少公司自由现金流，从而保护外部投资者的利益。为了保护外部中小股东的利益，部分新兴市场国家，包括巴西、智利、哥伦比亚和委内瑞拉，甚至要求公司强制分配股利（Martins 和 Novaes，2012）。中国的研究证据也支持股利分红的积极作用，比如魏明海和柳建华（2007）对我国上市公司的研究发现，现金分红可以有效抑制投资过度的发生；罗宏和黄文华（2008）的研究则表明，支付现金股利可以显著抑制公司高管在职消费行为从而减少代理成本。

支付股利的行为还往往被外界解读为公司具有良好发展前景。比如，Skinner 和 Soltes（2011）发现，支付股利的公司比不支付股利的公司具有更高的股利持续性，同时支付股利的公司报告亏损的概率更小，即使亏损也往往是特殊事项所引起的暂时性亏损。

较低的代理成本、较好的投资者保护往往意味着较低的权益资本成本。Himmelberg 等（2002）研究表明，投资者利益的保护与权益资本成本息息相关，投资者利益保护水平越高，越能降低权益资本成本。姜付秀等（2008）研究了我国上市公司的投资者保护和权益资本成本之间的关系，同样发现投资者利益保护与权益资本成本负相关。

半强制股利政策的实施在一定程度上从政策层面保证了现金股利的发放，事实上也有证据表明，政策实施后上市公司派现意愿和派现水平都有了很大提高。在此基础上，我们提出本章假设 1。

假设 1：半强制股利政策的实施总体上降低权益资本成本。

然而，半强制股利政策采取"一刀切"的方式对待所有具有再融资需求的公司，也有其弊端。

其一，半强制股利政策不符合优序融资理论。根据该理论，公司具有融资需求时，应该首先考虑融资成本最低的留存收益，然后才是对外融资。而半强制股利政策要求欲融资企业首先分配股利，这样舍弃低成本的资金而选择高成本的资金与股东利益最大化目标不相匹配。Fama 和 French（2001）的研究表明，利润较低的小企业和具有强劲增长机会的企业不倾向于分配股利。Denis 和 Osobov（2008）的研究同样发现，股利分配主要集中在盈利能力强的大企业。只有当公司进入成熟周期、有好的投资项目时，才应该选择将股利以现金的形式发给股东（DeAngelo 等，2006）。换言之，合理的分红政策应该促进具有充沛现金流和业绩良好的公司进行股利分红。来自国内的证据也表明，在半强制股利政策下，成长性高而现金流紧张的上市公司，以及处于竞争性行业且现金流紧张的上市公司，受到的半强制股利政策负向影响明显（李常青等，2010）。

其二，半强制股利政策也会激发上市公司的操纵问题。比如希望通过配股、增发来圈钱的公司，可能通过"门槛股利"即通过操纵的方式使分红刚好满足再融资的条件，来实现先付出一点现金以图未来在再融资中获得更多的融资金额。这样的分红也被称为"钓鱼式"分红（李常青等，2010）。此外，余琰和王春飞（2014）也发现，上市公司再融资方案通过之后，公司的现金股利支付意愿显著下降。需要再融资的公司因为缺乏现金流而没有能力达到监管所要求的再融资条件，而通过操纵的方式先支出再获得融资，一方面增加了公司的运营风险，另一方面也直接提高了公司的权益资本成本。

事实上，信息风险的确与权益资本成本显著相关。Francis等（2005）的研究表明，应计质量好的企业，权益资本成本较低。于李胜和王艳艳（2007）的研究也表明，应计质量与权益资本成本之间负相关。曾颖和陆正飞（2006）也发现，信息披露质量较好的样本公司边际股权融资成本较低。正是从以上论述出发，我们提出本章假设2。

假设2：半强制股利政策实施后，"门槛股利"支付行为提高权益资本成本。

以往的研究表明，在正常情况下，公司自由现金流的增加往往会导致经理的机会主义行为，将现金投资于净现值为负的项目，从而导致公司价值的毁损（Jensen，1986）。然而，半强制股利政策要求具有再融资动机的企业必须把分红的比例保持在某种水平。股利分红可以提高公司治理的质量，比如Easterbrook（1984）发现，持续的股利分红可以迫使公司在面临资金需求时只能选择从外部市场进行融资，从而面临更加严格的监管，降低代理成本。我国半强制股利政策实施之前，自由现金流的增加加大了经理过度投资和建立经理帝国的动机，从而降低了公司的价值，进而提高了权益资本成本。半强制股利政策实施之后，为了获得再融资机会，公司需要首先进行股利分配。在分红成为必须的条件之下，是否具有较多的自由现金流，反而成为公司支付股利动机正常与否的试金石。如果政策实施后，公司的自由现金流多，就意味着公司发放股利是正常行为，这有助于降低公司权益资本成本，在此基础上，我们提出本章假设 3。

假设 3：半强制股利政策实施后，自由现金流多的公司权益资本成本更低。

第三节　研究设计

一　权益资本成本的衡量

本章运用 Hou 等（2012）改进后的剩余收益模型 GLS 来估计权益资本成本。Gebhardt 等（2001）提出 GLS 模型，从净盈余（Clean Surplus）的假设出发，认为要用期望收益而不是已实现收益来构建剩余收益模型以计算权益资本成本。国内主要采用 Gebhardt 等（2001）的剩余收益模型 GLS 来估计权益资本成本，比如陆正飞和叶康涛（2004）、曾颖和陆正飞（2006）都采用了剩余收益模型。具体见式（3-1）。

$$P_t = B_t + \sum_{i=1}^{\infty} \frac{E_t\left[NI_{t+i} - r_e B_{t+i-1}\right]}{(1+r_e)^i} = B_t + \sum_{i=1}^{\infty} \frac{E_t[(ROE_{t+i} - r_e)B_{t+i-1}]}{(1+r_e)^i} \quad （3-1）$$

其中，P_t 表示股票的价值；B_t 表示第 t 期所有者权益的账面价值；$E_t[\cdot]$ 是预测值，即根据第 t 期信息所进行的预测；NI_{t+i}

表示第 $t+i$ 期的净收益；r_e 为权益资本成本；ROE_{t+i} 表示第 $t+i$ 期的净资产收益率。式（3-1）是以账面价值加上无限期的剩余收益折现来表示股票的价值。这是一种以无穷期限的情形来预测公司股票价值的方式。但从操作的角度，这种方法是无法实现的。所以 Gebhardt 等（2001）将模型的预测期调整为不少于 12 期，对预测期以外的收益以其终值来表示，具体如模型（3-2）所示。

$$P_t = B_t + \sum_{i=1}^{11} \frac{FROE_{t+1} - r_e}{(1+r_e)^i} B_{t+i-1} + \frac{FROE_{t+12} - r_e}{r_e(1+r_e)^{11}} B_{t+11} \qquad （3-2）$$

其中，$FROE$ 表示 ROE 的预测值。在 Gebhardt 等（2001）的模型中，采用分析师的预测值来表示 $FROE$。但是在数据所涵盖的前期，分析师的预测数据相对较少，数据不够完整，因此陆正飞和叶康涛（2004）建议以实际实现的 ROE 代替。Hou 等（2012）则建议采用混合截面数据来估计每家公司的预计盈利，这样能够获得更多公司的权益资本成本估计值，具体见式（3-3）。

$$E_{t+i} = \alpha_0 + \alpha_1 V_t + \alpha_2 A_t + \alpha_3 D_t + \alpha_4 DD_t + \alpha_5 E_t + \alpha_6 NegE_t \\ + \alpha_7 AC_t + \varepsilon_{t+i} \qquad （3-3）$$

其中，E_{t+i}（$i=1, 2, 3$）为公司在 $t+i$ 年的预计收益。所有的

解释变量都是 t 年末的数值：V 表示公司的市场价值；A 表示总资产；D 表示支付的股利；DD 表示股利支付的虚拟变量，如果没有支付股利则 $DD=1$，否则 $DD=0$；$NegE$ 表示收益是否为负的虚拟变量，如果收益为负，则 $NegE=1$，否则 $NegE=0$；AC 表示经营活动应计。E_{t+i} 的估计需要用公司过去十年的数据（至少需要三年的数据）。

$$B_{t+i} = B_{t+i-1} + E_{t+i} \times B_{t+i-1} \times (1 - pout_{i,t}) \qquad （3-4）$$

在式（3-4）里，$pout$ 表示预计的股利支付率，用过去三年的支付的平均数。

本章的预测期为 12 期，假设 12 期以后的 ROE 一直维持在行业平均 ROE 水平，即从长期来看，企业的收益水平将与行业平均水平趋同，该假设与微观经济学中厂商长期利润平均化的理论相符。同时，第 $t+4$ 期以后的各期 ROE 向行业平均 ROE 直线回归。行业平均 ROE 为行业所有公司的平均 ROE。

二　模型设定

我们构建以下模型进行 OLS 回归。在假设 1 中我们研究总体上半强制股利政策与权益资本成本之间的关系，所以我们运用模型（3-5）来研究。

$$r = \beta_0 + \beta_1 After + \beta_2 Cater + \beta_3 Fcf + \beta_4 Bigfour + \beta_5 Size$$
$$+ \beta_6 Lev + \beta_7 ROA + \beta_8 TobinQ + \beta_9 Cfo + \beta_{10} Cycle$$
$$+ \beta_{11} Soe + \beta_{12} Firshare + \beta_{13} CEO \qquad (3-5)$$
$$+ FixedEffects + \varepsilon$$

其中，r 表示用 Hou 等（2012）改进后的剩余收益模型 GLS 估计的权益资本成本。*After* 表示政策实施的虚拟变量，在 2008 年（含）半强制股利政策实施后，则 *After*=1，否则 *After*=0。如果假设 1 成立，即半强制股利政策实施后公司的权益资本成本显著提高，则 *After* 的系数 β_1 显著为正。*Cater* 表示达到半强制股利政策所要求的再融资条件的"门槛股利"，如果最近三年累计支付的现金股利占三年平均可分配利润的比重为 30%~35%，则 *Cater*=1，否则 *Cater*=0。*Fcf* 表示自由现金流。在控制变量的选择上，我们参照曾颖和陆正飞（2006）的做法，控制了是否国际四大审计 *Bigfour*、公司规模 *Size*、资产负债率 *Lev*、资产收益率 *ROA*、托宾 Q 值 *TobinQ*、现金持有水平 *Cfo*、生命周期 *Cycle*。投资者保护也会影响权益资本成本（Himmelberg 等，2002；姜付秀等，2008），所以我们还控制了最终控制权性质 *Soe*、第一大股东持股比例 *Firshare*、董事长和总经理是否两职合一 *CEO*。*FixedEffects* 表示固定效应。

为了检验假设 2，我们运用模型（3-6）。和模型（3-5）相比，模型（3-6）增加了政策实施的虚拟变量 *After* 和"门槛股利"变量 *Cater* 的交乘项。根据假设 2，如果半强制股利政策实施后"门槛股利"支付行为提高权益资本成本，则交乘项的系数 β_3 显著为正。

$$
\begin{aligned}
r = {} & \beta_0 + \beta_1 After + \beta_2 Cater + \beta_3 After \times Cater + \beta_4 Fcf \\
& + \beta_5 Bigfour + \beta_6 Size + \beta_7 Lev + \beta_8 ROA + \beta_9 TobinQ \\
& + \beta_{10} Cfo + \beta_{11} Cycle + \beta_{12} Soe + \beta_{13} Firshare + \beta_{14} CEO \\
& + FixedEffects + \varepsilon
\end{aligned}
\tag{3-6}
$$

为了检验假设 3，我们运用模型（3-7）。根据假设 3，如果半强制股利政策实施后自由现金流多的公司权益资本成本更低，则 *After×Fcf* 交乘项的系数 β_3 显著为负。

$$
\begin{aligned}
r = {} & \beta_0 + \beta_1 After + \beta_2 Cater + \beta_3 After \times Fcf + \beta_4 Fcf \\
& + \beta_5 Bigfour + \beta_6 Size + \beta_7 Lev + \beta_8 ROA + \beta_9 TobinQ \\
& + \beta_{10} Cfo + \beta_{11} Cycle + \beta_{12} Soe + \beta_{13} Firshare \\
& + \beta_{14} CEO + FixedEffects + \varepsilon
\end{aligned}
\tag{3-7}
$$

具体变量定义如表 3-1 所示。

表 3-1 变量定义

变量类型	变量符号	变量含义和计算方法
被解释变量	*r*	表示权益资本成本，采用 Hou 等（2012）改进后的剩余收益模型 GLS 来估计
	Peg	表示权益资本成本，采用 Easton（2004）提出的 PEG 模型估计
解释变量	*Cater*	表示达到半强制股利政策所要求的再融资条件的"门槛股利"，如果最近三年累计支付的现金股利占三年平均可分配利润的比重为 30%~35%，则 *Cater*=1，否则 *Cater*=0
	Caterg	表示超过半强制股利政策所要求的再融资条件，如果最近三年累计支付的现金股利占三年平均可分配利润的比重大于 35%，则 *Caterg*=1，否则为 *Caterg*=0
	After	表示政策实施的虚拟变量，在 2008 年（含）半强制股利政策实施后，则 *After*=1，否则 *After*=0
	Fcf	表示自由现金流，采用 Richardson（2006）和吴超鹏等（2012）的研究方法进行估算，即经营活动现金流量 / 年初总资产 − 折旧与摊销之和 / 年初总资产 − 预期新增投资
控制变量	*Bigfour*	表示是否国际四大审计，如果是，则 *Bigfour*=1，否则 *Bigfour*=0
	Size	表示公司规模，期末总资产取自然对数
	Lev	表示资产负债率，期末总负债 / 总资产
	ROA	表示资产收益率，当期净利润 / 总资产
	TobinQ	表示托宾 Q 值，（股权市值 + 债务净值）/ 期末总资产
	Cfo	表示现金持有水平，经营活动现金流量 / 期末总资产
	Cycle	表示生命周期，留存收益 / 期末总资产（Denis 和 Osobov，2008）
	Soe	表示最终控制权性质，如果为国有，则 *Soe*=1，否则 *Soe*=0
	Firshare	表示第一大股东持股比例
	CEO	表示总经理和董事长是否两职合一，如果是，则 *CEO*=1，否则 *CEO*=0

第四节 样本选择与描述性统计

一 样本选择

（一）样本基本情况

本章选取 2003~2013 年在沪深证券交易所上市的 A 股上市公司作为研究样本。因为采用 Hou 等（2012）的方法预计公司的盈利情况，要求至少利用公司前三年的数据进行回归，所以实际计算权益资本成本的数据从 2000 年开始，这样 2003 年才有权益资本成本的数据。因为本章研究的是 2008 年开始执行的政策的经济结果，结合其他章的样本区间为 2001~2015 年，本章的样本数据始于 2003 年，为了保持样本的一定的对称性，样本结束年份亦提前 2 年至 2013 年。

本章的股票交易数据、公司财务数据和公司治理数据都来自国泰安（CSMAR）数据库，股利支付数据来自万得（Wind）数据库。样本的筛选过程如下：（1）数据库中沪深 A 股上市公司 2003~2013 年的样本总数为 32678 个；（2）剔除金融行业的上市公司样本 869 个，因为金融行业与其他行业会计准则差别较大；（3）剔除计算得出的权益资本成本缺失的样本 14890 个；（4）剔除所有其他控制变量存在缺失的样本 3429 个，得到最终样本 13490 个［见表 3-2（1）］。对所有连续变量进行 Winsorize 处理。

（二）样本的行业分布和年度分布

样本的行业分布情况如表 3-2（2）所示，其中制造业样本 6480 个，占总样本的 48.04%，是所有行业中占比最大的。这与我国上市公司的行业分布类似。样本的年度分布情况如表 3-2（3）所示，随着资本市场的不断扩容，样本量逐年递增。

表 3-2　样本选择

单位：个，%

（1）样本选择		
CSMAR 数据库中 2003 ～ 2013 年样本量		32678
减：金融行业的样本量		（869）
减：权益资本成本缺失的样本量		（14890）
减：其他控制变量存在缺失的样本量		（3429）
最终研究样本量		13490
（2）样本的行业分布		
	样本量	占比
农、林、牧、渔业	205	1.52
采矿业	454	3.37
制造业	6480	48.04
电力、热力、燃气及水生产和供应业	748	5.54
建筑业	348	2.58
交通运输、仓储和邮政业	576	4.27
信息传输、软件和信息技术服务业	1520	11.27
批发和零售业	1149	8.52
房地产业	1055	7.82

续表

（2）样本的行业分布

	样本量	占比
居民服务、修理和其他服务业	594	4.40
文化、体育和娱乐业	163	1.21
综合	198	1.47
合计	13490	100

（3）样本的年度分布

	样本量	占比
2003	873	6.47
2004	932	6.91
2005	999	7.41
2006	1068	7.92
2007	1048	7.77
2008	1132	8.39
2009	1252	9.28
2010	1311	9.72
2011	1390	10.30
2012	1645	12.19
2013	1840	13.64
合计	13490	100

注：括号内的数字为减数。

二　描述性统计

本章采用 Hou 等（2012）的方法计算的权益资本成本 r 的均值为 5.5%，中位数为 5%，最小值为 0.4%，最大值为 21.3%。该变量的描述性统计与以往研究（王春飞等，2013；李祎等，

2016）类似。*After* 的均值为 0.635，表明 63.5% 的样本是在半强制股利政策之后；*Cater* 的均值为 0.038，表示有 3.8% 的样本公司累计三年支付的现金股利占三年平均可分配利润的比重为 30%~35%；*Fcf* 的均值为 −0.061，中位数为 −0.044，说明超过一半的样本自由现金流为负值。此外，其他变量也与以前的研究相符合。描述性统计具体见表 3–3。

表 3–3   描述性统计

变量	均值	中位数	标准差	最小值	四分位数	第三四分位数	最大值	样本量
r	0.055	0.050	0.029	0.004	0.033	0.070	0.213	13490
After	0.635	1.000	0.481	0.000	0.000	1.000	1.000	13490
Cater	0.038	0.000	0.191	0.000	0.000	0.000	1.000	13490
Fcf	−0.061	−0.044	0.234	−2.358	−0.121	0.023	1.225	13490
Bigfour	0.069	0.000	0.253	0.000	0.000	0.000	1.000	13490
Size	21.799	21.647	1.203	18.657	20.952	22.456	27.062	13490
Lev	0.492	0.504	0.191	0.038	0.355	0.634	1.704	13490
ROA	0.034	0.032	0.059	−0.733	0.012	0.058	0.355	13490
TobinQ	0.494	0.505	0.190	0.046	0.356	0.635	1.708	13490
Cfo	0.049	0.049	0.079	−0.323	0.007	0.094	0.387	13490
Cycle	0.115	0.120	0.181	−3.328	0.060	0.194	0.550	13490
Soe	0.631	1.000	0.482	0.000	0.000	1.000	1.000	13490
Firshare	0.376	0.358	0.159	0.084	0.248	0.498	0.786	13490
CEO	0.137	0.000	0.344	0.000	0.000	0.000	1.000	13490

三 变量之间的相关系数

表 3-4 展示了本章主要变量的 Pearson 相关系数和 Spearman 相关系数。权益资本成本 r 与表示政策实施的变量 *After* 的两种相关系数分别为 -0.041 和 -0.060，并且都在 1% 的水平下显著，初步说明政策实施后权益资本成本下降。另外 *Cater* 与 r 的两种系数分别为 0.025 和 0.033，并且都在 1% 的水平下显著，说明"门槛股利"支付行为与权益资本成本正相关。同时，表示自由现金流的变量 *Fcf* 也与 r 正相关，说明自由现金流能够推高权益资本成本。

第五节 实证结果分析

表 3-5 展示了权益资本成本与半强制股利政策实施的关系。表 3-5 第（1）～（3）列从没有控制年度和行业固定效应到全部控制年度和行业固定效应。*After* 在第（1）列中的系数为 -0.008，在 1% 的水平下显著；在第（2）列中的系数也为 -0.008，也在 1% 的水平下显著；在第（3）列中的系数为 -0.003，并在 5% 的水平下显著，说明半强制股利政策实施后，总体上权益资本成本显著降低，假设 1 得到证实。此外，

表 3-4　变量之间的相关系数

	r	After	Cater	Fcf	Bigfour	Size	Lev	ROA	TobinQ	Cfo	Cycle	Soe	Firshare	CEO
r	1.000	-0.060	0.033	0.074	0.173	0.407	0.091	-0.057	0.087	0.034	0.070	0.171	0.140	-0.103
		<.0001	0.000	<.0001	<.0001	<.0001	<.0001	<.0001	<.0001	<.0001	<.0001	<.0001	<.0001	<.0001
After	-0.041	1.000	0.093	-0.021	-0.010	0.225	-0.008	0.073	-0.007	-0.051	0.184	-0.151	-0.093	0.113
	<.0001		<.0001	0.013	0.261	<.0001	0.379	<.0001	0.407	<.0001	<.0001	<.0001	<.0001	<.0001
Cater	0.025	0.093	1.000	-0.007	-0.023	0.083	0.038	0.058	0.038	-0.017	0.081	-0.033	-0.011	-0.010
	0.004	0.001		0.387	0.007	<.0001	<.0001	<.0001	<.0001	0.049	<.0001	0.000	0.206	0.230
Fcf	0.088	-0.029	-0.004	1.000	0.050	0.013	-0.005	0.110	-0.005	0.510	0.075	0.010	-0.005	-0.010
	<.0001	0.001	0.627		<.0001	0.130	0.546	<.0001	0.533	<.0001	<.0001	0.240	0.572	0.261
Bigfour	0.217	-0.010	-0.023	0.050	1.000	0.282	0.017	0.095	0.016	0.085	0.106	0.110	0.122	-0.050
	<.0001	0.261	0.007	<.0001		<.0001	0.051	<.0001	0.060	<.0001	<.0001	<.0001	<.0001	<.0001
Size	0.464	0.230	0.074	0.070	0.361	1.000	0.370	0.113	0.369	0.039	0.121	0.213	0.201	-0.077
	<.0001	<.0001	<.0001	<.0001	<.0001		<.0001	<.0001	<.0001	<.0001	<.0001	<.0001	<.0001	<.0001
Lev	0.108	-0.012	0.036	0.040	0.021	0.359	1.000	-0.379	1.000	-0.162	-0.536	0.129	0.006	-0.084
	<.0001	0.162	<.0001	<.0001	0.015	<.0001		<.0001	<.0001	<.0001	<.0001	<.0001	0.516	<.0001

续表

	r	After	Cater	Fcf	Bigfour	Size	Lev	ROA	TobinQ	Cfo	Cycle	Soe	Firshare	CEO
ROA	-0.015	0.091	0.055	0.041	0.073	0.133	-0.355	1.000	-0.378	0.376	0.641	-0.076	0.111	0.037
	0.085	<.0001	<.0001	<.0001	<.0001	<.0001	<.0001		<.0001	<.0001	<.0001	<.0001	<.0001	<.0001
TobinQ	0.105	-0.011	0.036	0.040	0.020	0.358	1.000	-0.354	1.000	-0.162	-0.536	0.129	0.005	-0.084
	<.0001	0.184	<.0001	<.0001	0.018	<.0001		<.0001		<.0001	<.0001	<.0001	0.552	<.0001
Cfo	0.028	-0.042	-0.021	0.298	0.075	0.035	-0.166	0.339	-0.166	1.000	0.268	0.045	0.072	0.066
	0.001	<.0001	0.014	<.0001	<.0001	<.0001	<.0001	<.0001	<.0001		<.0001	<.0001	<.0001	<.0001
Cycle	0.125	0.103	0.069	0.037	0.080	0.196	-0.384	0.544	-0.387	0.216	1.000	-0.092	0.251	-0.197
	<.0001	<.0001	<.0001	<.0001	<.0001	<.0001	<.0001	<.0001	<.0001	<.0001		<.0001	<.0001	<.0001
Soe	0.175	-0.151	-0.033	0.017	0.110	0.225	0.132	-0.051	0.131	0.049	-0.024	1.000	0.247	-0.084
	<.0001	<.0001	0.000	0.049	<.0001	<.0001	<.0001	<.0001	<.0001	<.0001	0.006		<.0001	<.0001
Firshare	0.143	-0.096	-0.009	0.004	0.123	0.232	0.008	0.102	0.007	0.069	0.090	0.247	1.000	-0.084
	<.0001	<.0001	0.277	0.607	<.0001	<.0001	0.375	<.0001	0.411	<.0001	<.0001	<.0001		<.0001
CEO	-0.101	0.113	-0.010	-0.008	-0.050	-0.079	-0.084	0.020	-0.084	-0.020	0.016	-0.197	-0.086	1.000
	<.0001	<.0001	0.230	0.351	<.0001	<.0001	<.0001	0.023	<.0001	0.018	0.067	<.0001	<.0001	

注：Pearson 相关系数在右上，Spearman 相关系数在左下；同一格内下方的数字表示显著性水平。

在表 3-5 中，*Fcf* 的系数显著为正，表明自由现金流的增加会提高权益资本成本。公司规模 *Size* 与权益资本成本显著正相关，表明公司规模越大，权益资本成本越高；资产收益率 *ROA* 与权益资本成本显著负相关，说明公司盈利能力越强，权益资本成本越低。这些结果都与以往文献的结果（王春飞等，2013；李祎等，2016）保持一致。

表 3-5　权益资本成本与半强制股利政策实施

	r (1)	r (2)	r (3)
After	−0.008***	−0.008***	−0.003**
	（−11.72）	（−10.65）	（−2.57）
Cater	0.001	0.001	0.001
	（1.14）	（0.96）	（1.00）
Fcf	0.007***	0.009***	0.005***
	（6.95）	（9.21）	（6.66）
Bigfour	0.003	0.003	0.002
	（1.50）	（1.43）	（0.97）
Size	0.012***	0.012***	0.012***
	（19.50）	（18.71）	（22.76）
Lev	1.078	1.027	0.422
	（0.88）	（0.86）	（0.59）
ROA	−0.065***	−0.070***	−0.043***
	（−5.27）	（−5.87）	（−5.34）
TobinQ	−1.101	−1.054	−0.445
	（−0.90）	（−0.88）	（−0.62）

续表

	r （1）	r （2）	r （3）
Cfo	0.001 （0.25）	−0.001 （−0.32）	−0.002 （−0.67）
Cycle	0.006** （2.25）	0.007*** （2.65）	0.007*** （3.41）
Soe	0.002** （2.26）	0.001 （1.15）	0.001 （1.47）
Firshare	0.001 （0.31）	−0.001 （−0.63）	−0.008*** （−3.35）
CEO	−0.004*** （−4.20）	−0.003*** （−3.50）	−0.002*** （−3.08）
常数项	−0.199*** （−12.99）	−0.177*** （−11.88）	−0.195*** （−16.33）
年度固定效应	否	否	是
行业固定效应	否	是	是
公司聚类	是	是	是
样本量	13490	13490	13490
Adj R^2	0.282	0.331	0.501

注：括号内为 t 统计量，***、**、* 分别表示在 1%、5%、10% 的水平下显著。

　　表 3-6 展示了权益资本成本与"门槛股利"支付行为的关系。在表 3-6 的第（1）列中，After 的系数为 −0.009，并在 1% 的水平下显著，表明不存在"门槛股利"支付行为的公司，在半强制股利政策实施后权益资本成本显著降低；After 与 Cater 的交乘项系数为 0.006，并在 5% 的水平下显著，说明半强制股利政策实施后具有"门槛股利"支付行为的公司，其权益资本成本

显著提高。第（2）（3）列分别控制行业和年度固定效应后，结果保持不变。其他控制变量与第（1）列类似。假设2得到证实。说明市场能够看出操纵分红行为，从而提高了为实现再融资目的而临界满足再融资条件类公司的权益资本成本。

表 3-6   权益资本成本与"门槛股利"支付行为

	r （1）	r （2）	r （3）
After	−0.009***	−0.008***	−0.003***
	（−11.75）	（−10.69）	（−2.66）
Cater	−0.004	−0.003	−0.003
	（−1.15）	（−1.08）	（−1.25）
After×cater	0.006**	0.005*	0.005**
	（2.05）	（1.74）	（1.98）
Fcf	0.007***	0.009***	0.005***
	（6.94）	（9.21）	（6.66）
Bigfour	0.003	0.003	0.002
	（1.51）	（1.43）	（0.97）
Size	0.012***	0.011***	0.012***
	（19.50）	（18.70）	（22.74）
Lev	1.078	1.026	0.422
	（0.88）	（0.86）	（0.59）
ROA	−0.065***	−0.070***	−0.043***
	（−5.26）	（−5.86）	（−5.34）
TobinQ	−1.100	−1.053	−0.444
	（−0.90）	（−0.88）	（−0.62）
Cfo	0.001	−0.001	−0.002
	（0.26）	（−0.31）	（−0.66）

续表

	r （1）	r （2）	r （3）
Cycle	0.006** （2.26）	0.007*** （2.66）	0.007*** （3.41）
Soe	0.002** （2.25）	0.001 （1.14）	0.001 （1.46）
Firshare	0.001 （0.30）	−0.001 （−0.64）	−0.008*** （−3.36）
CEO	−0.004*** （−4.21）	−0.003*** （−3.50）	−0.002*** （−3.09）
常数项	−0.199*** （−12.98）	−0.177*** （−11.87）	−0.195*** （−16.32）
年度固定效应	否	否	是
行业固定效应	否	是	是
公司聚类	是	是	是
样本量	13490	13490	13490
Adj R^2	0.282	0.332	0.501

注：括号内为 t 统计量，***、**、* 分别表示在 1%、5%、10% 的水平下显著。

　　表 3-7 为权益资本成本与自由现金流的关系。在表 3-7 的第（1）列中，自由现金流 Fcf 的系数为 0.040，并在 1% 的水平下显著，说明在一般状况下，即半强制股利政策实施前，自由现金流越多的公司，权益资本成本越高，可能是自由现金流的增加会造成内部代理成本上升，同时过度投资也会更加严重，从而提高了权益融资成本。变量 After 和 Fcf 的交乘项的系数为 −0.036，并在 1% 的水平下显著为负，说明半强制股利政策实施后，自由

现金流与权益资本成本之间的关系反而变成显著为负，即自由现金流降低了权益资本成本。这也许意味着，半强制股利政策实施后，自由现金流越多，越有可能被市场解读为具有分发股利的真实实力，而非通过操纵分红和财务报告数字实现再融资，此时融资市场给予正面的反应，即政策实施后，自由现金流的总数与权益资本成本呈现显著为负的关系。第（2）（3）列分别控制行业和年度固定效应后，结果依然保持不变。其他控制变量与第（1）列类似。

表 3-7　权益资本成本与自由现金流

	r （1）	r （2）	r （3）
After	−0.011***	−0.010***	−0.003***
	（−12.65）	（−12.16）	（−3.16）
Fcf	0.040***	0.048***	0.015***
	（9.69）	（11.28）	（5.41）
After×Fcf	−0.036***	−0.042***	−0.010***
	（−8.78）	（−10.02）	（−3.64）
Cater	0.001	0.001	0.001
	（1.04）	（0.90）	（0.99）
Bigfour	0.003	0.003	0.002
	（1.54）	（1.49）	（0.99）
Size	0.013***	0.012***	0.012***
	（19.68）	（18.99）	（22.81）
Lev	1.054	0.993	0.420
	（0.88）	（0.86）	（0.59）

续表

	r （1）	r （2）	r （3）
ROA	−0.062*** （−5.17）	−0.066*** （−5.74）	−0.043*** （−5.28）
TobinQ	−1.077 （−0.89）	−1.021 （−0.88）	−0.443 （−0.62）
Cfo	−0.009* （−1.76）	−0.014*** （−3.12）	−0.005 （−1.51）
Cycle	0.006** （2.33）	0.007*** （2.80）	0.007*** （3.45）
Soe	0.002** （2.34）	0.001 （1.17）	0.001 （1.46）
Firshare	0.001 （0.24）	−0.002 （−0.76）	−0.008*** （−3.35）
CEO	−0.004*** （−4.22）	−0.003*** （−3.48）	−0.002*** （−3.08）
常数项	−0.202*** （−13.19）	−0.179*** （−12.11）	−0.195*** （−16.36）
年度固定效应	否	否	是
行业固定效应	否	是	是
公司聚类	是	是	是
样本量	13490	13490	13490
Adj R²	0.289	0.340	0.501

注：括号内为 t 统计量，***、**、* 分别表示在 1%、5%、10% 的水平下显著。

表 3-8 同时收入了 *After* 与 *Cater* 及 *Fcf* 的交乘项在第（1）列中，*After* 与 *Cater* 交乘项的系数为 0.006，并且在 5% 的水平下显著为正，与前述结果相同。*After* 与 *Fcf* 交乘项的系数

为 −0.036，在 1% 的水平下显著。这与单独加入交乘项的结果相比没有发生实质性变化。

表 3−8　全部回归变量

	r （1）	r （2）	r （3）
After	−0.011***	−0.010***	−0.003***
	（−12.67）	（−12.17）	（−3.23）
Cater	−0.003	−0.003	−0.003
	（−1.06）	（−1.01）	（−1.24）
Fcf	0.040***	0.048***	0.015***
	（9.67）	（11.27）	（5.40）
After×Cater	0.006**	0.005*	0.005**
	（2.01）	（1.72）	（1.96）
After×Fcf	−0.036***	−0.042***	−0.010***
	（−8.76）	（−10.01）	（−3.63）
Bigfour	0.003	0.003	0.002
	（1.55）	（1.50）	（0.99）
Size	0.013***	0.012***	0.012***
	（19.67）	（18.98）	（22.79）
Lev	1.053	0.993	0.420
	（0.88）	（0.86）	（0.59）
ROA	−0.062***	−0.066***	−0.043***
	（−5.17）	（−5.74）	（−5.28）
TobinQ	−1.076	−1.020	−0.442
	（−0.89）	（−0.88）	（−0.62）
Cfo	−0.008*	−0.014***	−0.005
	（−1.75）	（−3.11）	（−1.50）

续表

	r (1)	r (2)	r (3)
Cycle	0.006**	0.007***	0.007***
	(2.33)	(2.81)	(3.45)
Soe	0.002**	0.001	0.001
	(2.34)	(1.16)	(1.46)
Firshare	0.001	−0.002	−0.008***
	(0.23)	(−0.77)	(−3.36)
CEO	−0.004***	−0.003***	−0.002***
	(−4.23)	(−3.49)	(−3.08)
常数项	−0.201***	−0.178***	−0.195***
	(−13.18)	(−12.11)	(−16.35)
年度固定效应	否	否	是
行业固定效应	否	是	是
公司聚类	是	是	是
样本量	13490	13490	13490
Adj R²	0.289	0.340	0.501

注：括号内为 t 统计量，***、**、* 分别表示在 1%、5%、10% 的水平下显著。

第六节 稳健性检验

一 采用 PEG 模型估计权益资本成本

在稳健性检验中，我们首先更换了权益资本成本的估计方式。有学者认为 PEG 模型能够恰当地捕捉到各种风险因素的影响，具有简单易懂、限制较少的优点（毛新述等，2012），也有研究使用 PEG 模型对权益资本成本进行估计，比如喻灵（2017）。在稳健性检验中，我们采用模型（3-8）对 PEG 模型的权益资本成本进行估计。

$$Peg = \sqrt{\dfrac{eps_{t+2} - eps_{t+1}}{P_t^{'}}} \qquad （3-8）$$

其中，$P_t^{'}$ 是当期股票的收盘价，eps_{t+1} 是分析师对公司 $t+1$ 期每股收益预测值的均值；eps_{t+2} 是分析师对公司 $t+2$ 期每股收益预测值的均值。

我们对模型（3-6）和模型（3-7）重新进行回归，结果如表3-9 所示。表 3-9 中的结果和基准回归的结果没有实质性变化。

表 3-9　稳健性检验：更换权益资本成本计算方法

	Peg（1）	Peg（2）	Peg（3）
After	−0.023***	−0.024***	−0.024***
	（−5.90）	（−5.89）	（−5.91）
Cater	−0.015	−0.004	−0.015
	（−0.84）	（−0.89）	（−0.83）
Fcf	0.000	0.020	0.020
	（0.04）	（1.10）	（1.10）

续表

	Peg（1）	Peg（2）	Peg（3）
After×Cater	0.012*		0.012*
	（1.66）		（1.66）
After×Fcf		−0.021*	−0.021*
		（−1.74）	（−1.74）
Bigfour	0.008*	0.008*	0.008*
	（1.86）	（1.90）	（1.90）
Size	0.009***	0.009***	0.009***
	（7.26）	（7.29）	（7.28）
Lev	0.186	0.185	0.184
	（0.62）	（0.62）	（0.62）
ROA	−0.120***	−0.117***	−0.117***
	（−4.68）	（−4.57）	（−4.56）
TobinQ	−0.135	−0.134	−0.133
	（−0.45）	（−0.45）	（−0.45）
Cfo	0.044***	0.038**	0.038**
	（2.71）	（2.43）	（2.43）
Cycle	−0.010	−0.010	−0.010
	（−1.43）	（−1.40）	（−1.39）
Soe	−0.004	−0.004	−0.004
	（−1.57）	（−1.56）	（−1.56）
Firshare	−0.015**	−0.015**	−0.015**
	（−2.12）	（−2.12）	（−2.13）
CEO	−0.003	−0.003	−0.003
	（−1.35）	（−1.33）	（−1.33）
常数项	−0.090***	−0.091***	−0.090***
	（−3.51）	（−3.52）	（−3.51）

续表

	Peg（1）	Peg（2）	Peg（3）
年度固定效应	是	是	是
行业固定效应	是	是	是
公司聚类	是	是	是
样本量	6678	6678	6678
Adj R^2	0.243	0.243	0.243

注：括号内为 t 统计量，***、**、* 分别表示在 1%、5%、10% 的水平下显著。

二 变更股利支付变量

根据假设 2，如果市场能够看清公司的股利操纵行为，并且在半强制股利政策实施后对"门槛股利"支付行为反映出更高的权益资本成本，那么对更高的股利支付应该有不同的反应。为此，我们定义了一个新的变量 Caterg，当超过半强制股利政策所要求的再融资条件，即当年累计三年支付的现金股利占三年平均可分配利润的比重大于 35%，则 Caterg=1，否则 Caterg=0。在表 3-10 的第（1）中，After 与 Caterg 的交乘项并不显著；表 3-10 第（2）列中同时加入 After 与 Cater 及 Caterg 的交乘项，After 与 Cater 的交乘项仍显著为正，表明半强制股利政策实施后"门槛股利"支付行为提高了权益资本成本，而 After 与 Caterg 的交乘项仍然不显著，这从另一个方面验证了假设 2。

表 3-10　稳健性检验：变更股利支付变量

	r （1）	r （2）
After	−0.003**	−0.003***
	（−2.27）	（−2.69）
Cater		−0.002
		（−0.69）
Caterg	0.002**	0.002**
	（2.00）	（2.01）
After×Cater		0.006**
		（2.07）
After×Caterg	0.000	0.001
	（0.31）	（0.92）
Fcf	0.005***	0.005***
	（6.61）	（6.57）
Bigfour	0.002	0.002
	（0.93）	（0.99）
Size	0.012***	0.012***
	（22.67）	（22.53）
Lev	0.424	0.426
	（0.60）	（0.60）
ROA	−0.046***	−0.046***
	（−5.58）	（−5.63）
TobinQ	−0.446	−0.447
	（−0.62）	（−0.63）
Cfo	−0.003	−0.003
	（−0.82）	（−0.78）
Cycle	0.006***	0.006***
	（2.87）	（2.63）

续表

	r （1）	r （2）
Soe	0.001 （1.43）	0.001 （1.50）
Firshare	−0.008*** （−3.53）	−0.008*** （−3.56）
CEO	−0.002*** （−3.10）	−0.002*** （−3.08）
常数项	−0.193*** （−16.27）	−0.191*** （−16.16）
年度固定效应	是	是
行业固定效应	是	是
公司聚类	是	是
样本量	13490	13490
Adj R²	0.502	0.502

注：括号内为 t 统计量，***、**、* 分别表示在 1%、5%、10% 的水平下显著。

第七节　进一步分析

为进一步延伸不同公司特征情况下半强制股利政策与权益资本成本的关系，我们又分以下情况进行分析。

一　融资约束的影响

企业在进行外部融资时，其受到的约束程度并不相同。融资约束越弱，企业从其他途径获得融资的可能性越大，其操纵股利支付、先支付后"圈钱"的动机越小，因此，即使股利支付比例刚好落在"门槛股利"的范围内，市场给予更高权益资本成本的概率也较低；相反，如果企业的融资约束越强，则企业越有动机进行操纵，进而采取投机的方式来获得再融资资格，所以市场会对其"门槛股利"行为给予更高的权益资本成本。

　　大量的文献说明，国有企业和非国有企业所面临的融资约束不同，国有企业具有"预算软约束"效应，其面临的融资约束较弱，而非国有企业则面临较强的融资约束（Lin 等，1998；江伟、李斌，2006）。据此，我们将样本按照最终控制权性质分为国有企业和非国有企业进行检验，结果见表 3-11。结果显示，国有企业的样本中 *After* 与 *Cater* 交乘项的系数并不显著；而非国有企业的样本中 *After* 与 *Cater* 的交乘项在 10% 的水平下显著为正，证实了我们的推测。

表 3-11　进一步测试：不同融资约束

	国有企业	非国有企业
	r （1）	*r* （2）
After	0.023*** （8.60）	−0.009*** （−5.48）
Cater	−0.001 （−0.23）	−0.004 （−1.08）

续表

	国有企业	非国有企业
	r（1）	*r*（2）
After×Cater	0.002	0.007*
	（0.60）	（1.68）
Fcf	0.006***	0.003***
	（5.94）	（2.59）
Bigfour	0.002	0.001
	（0.81）	（0.24）
Size	0.011***	0.011***
	（10.85）	（16.73）
Lev	4.797**	−0.046
	（1.97）	（−0.13）
ROA	−0.013	−0.055***
	（−0.78）	（−5.85）
TobinQ	−4.829**	0.025
	（−1.98）	（0.07）
Cfo	0.004	−0.004
	（0.69）	（−0.90）
Cycle	0.004	0.007***
	（0.87）	（2.92）
Firshare	−0.007**	−0.007**
	（−2.25）	（−2.05）
CEO	−0.002	−0.003***
	（−1.28）	（−2.85）
常数项	−0.179***	−0.181***
	（−6.17）	（−12.23）
年度固定效应	是	是

续表

	国有企业	非国有企业
	r （1）	r （2）
行业固定效应	是	是
公司聚类	是	是
样本量	8516	4974
Adj R^2	0.539	0.473

注：括号内为 t 统计量，***、**、* 分别表示在 1%、5%、10% 的水平下显著。

二 公司治理状况的影响

治理状况好的公司，其财务行为往往受到公司治理的约束，更规范，治理机构发挥作用更充分，因此即使公司进行"门槛股利"支付也不会显著提高公司的权益资本成本；而治理状况差的公司，则可能通过投机行为获得融资机会，更多的融资会导致投资者权益受到更大损害，因此半强制股利政策后具有"门槛股利"支付行为的治理状况差的公司，其权益资本成本会更高。

薄仙慧和吴联生（2009）的研究表明，机构投资者参与有利于公司治理的改善。我们依据机构投资者在公司股本中所占比例的中位数，将样本分为中位数以下的样本和中位数及以上的样本。在表 3-12 的第（1）列中，机构投资者持股比例小于中位数，*After* 与 *Cater* 交乘项的系数为 0.009，并在 1% 的水平下显著；而在第（2）列中，机构投资者持股比例大于或等于中位数，*After* 与 *Cater* 交乘项的系数并不显著，验证了我们的推测。

表 3-12　进一步测试：不同公司治理状况

	机构持股比例小于中位数	机构持股比例大于或等于中位数
	r （1）	r （2）
After	−0.005***	−0.016***
	（−4.20）	（−12.29）
Cater	−0.005**	−0.001
	（−1.97）	（−0.23）
After×Cater	0.009***	0.001
	（2.82）	（0.29）
Fcf	0.004***	0.005***
	（3.48）	（4.93）
Bigfour	0.005**	−0.002
	（2.43）	（−0.99）
Size	0.009***	0.013***
	（16.08）	（23.24）
Lev	7.739***	−0.049
	（15.31）	（−0.14）
ROA	−0.008	−0.018**
	（−0.85）	（−2.32）
TobinQ	−7.775***	0.027
	（−15.36）	（0.07）
Cfo	0.014***	−0.004
	（3.32）	（−0.99）

续表

	机构持股比例小于中位数	机构持股比例大于或等于中位数
	r （1）	r （2）
Cycle	−0.004 （−1.18）	0.008*** （2.98）
Soe	−0.000 （−0.40）	0.001 （1.54）
Firshare	−0.008*** （−2.70）	−0.009*** （−3.40）
CEO	−0.003*** （−3.42）	−0.002* （−1.75）
常数项	−0.105*** （−8.81）	−0.208*** （−17.48）
年度固定效应	是	是
行业固定效应	是	是
公司聚类	是	是
样本量	6603	6887
Adj R^2	0.596	0.486

注：括号内为 t 统计量，***、**、* 分别表示在 1%、5%、10% 的水平下显著。

三　盈利状况的影响

公司的盈利状况也会对"门槛股利"支付行为产生影响。盈利水平越高，进行"门槛股利"支付越不会造成权益资本成本的提高；而盈利水平越低，则"门槛股利"支付行为越会造成权益资本成本的提高。我们按样本年度资产收益率 *ROA* 的中位数，将样本分为大于或等于中位数和小于中位数的样本。分样本回归的结果如表 3-13 所示。其中 *ROA* 小于中位数的组中 *After* 和 *Cater* 交乘项的系数为 0.009，并在 5% 的水平下显著。

表 3-13　进一步测试：不同盈利状况

	ROA 大于或等于中位数	*ROA* 小于中位数
	r （1）	*r* （2）
After	0.003** （2.48）	−0.004*** （−3.31）
Cater	−0.001 （−0.35）	−0.005 （−1.14）
After×Cater	0.001 （0.17）	0.009** （1.99）
Fcf	0.003*** （3.26）	0.006*** （5.46）
Bigfour	0.004** （2.12）	0.001 （0.49）
Size	0.008*** （14.21）	0.014*** （25.01）
Lev	7.605*** （15.78）	−0.178 （−0.71）
ROA	−0.015 （−1.39）	0.016* （1.95）
TobinQ	−7.636*** （−15.83）	0.151 （0.60）
Cfo	0.015*** （3.86）	0.005 （1.21）

续表

	ROA 大于或等于中位数	ROA 小于中位数
	r （1）	r （2）
Cycle	0.002	0.008***
	（0.72）	（2.98）
Soe	0.001	0.000
	（0.83）	（0.33）
Firshare	−0.006***	−0.005*
	（−2.69）	（−1.73）
CEO	−0.003***	−0.000
	（−3.81）	（−0.37）
常数项	−0.089***	−0.228***
	（−7.78）	（−19.94）
年度固定效应	是	是
行业固定效应	是	是
公司聚类	是	是
样本量	6747	6743
Adj R²	0.622	0.504

注：括号内为 t 统计量，***、**、* 分别表示在 1%、5%、10% 的水平下显著。

第八节　结论

本章利用中国资本市场实行半强制股利政策的自然实验机会，检验了政策实施与上市公司权益资本成本之间的关系。研究表明，整体上半强制股利政策的实施降低了权益资本成本。具有明显投机动机的"门槛股利"支付行为反而会在政策实施后提高权益资本成本，而高于"门槛股利"的支付行为在政策实施后不会引起权益成本的提高。政策实施前，自由现金流越多越会提高权益资本成本，但是政策实施后自由现金流的增多会降低权益资本成本，说明针对将分红与再融资挂钩的政策，资本市场对自由现金流多的企业分配现金给予更加正面的反应。同时，本章也按照公司的不同特征做了进一步研究，发现相对于国有企业而言，面临更强融资约束的非国有企业在半强制股利政策实施后的"门槛股利"支付行为需要更高的权益资本成本；使用机构投资者持股比例进行分类后发现，机构投资者持股比例低的样本中半强制股利政策实施后的"门槛股利"支付行为需要更高的权益资本成本；在盈利状况不同的样本中，政策实施后"门槛股利"支付行为对权益资本成本的影响也不同，盈利状况好的样本企业中，政策实施后"门槛股利"支付行为对权益资本成本没有影响，但是盈利状况差的样本企业中，政策实施后"门槛股利"支付行为就会对权益资本成本产生显著影响。

根据以上结果，提出相应建议：（1）对现金分红政策制定更加细致的监管措施，对投机操纵达到再融资要求的公司视情节轻重给予必要的处罚；（2）强调和引导公司根据自身经营情况和融资需求进行现金分红和再融资；（3）进一步完善公司治理机制，提高现金分红政策实施的效果。

第四章

半强制股利政策与公司投资行为

第一节　引言

投资、筹资和利润分配政策是企业的三大财务管理内容，三者相互牵制。股利政策又是利润分配政策的重中之重，不仅影响企业通过留存收益累积的内部筹资水平，也引导着企业吸引投资者的外部筹资能力。现金股利资金与投资资金是竞争关系，再融资意味着企业有额外的外源性资金需求，过高的现金股利分派可能导致企业内源资金不足，故而股利政策和投资政策有此消彼长的关系。股利分配过多可能导致企业资金短缺，压缩投资计划甚至导致投资不足；而在股利分配过少时，企业有更多的留存收益甚至资金冗余，造成过度投资，所以，股利分配政策影响了企业的投资方向和投资水平。

信息不对称和代理冲突降低企业分红能力。发达国家更多依靠资本市场自由调节股利分配。中国由于上市公司股利政策与股权结构的特殊性，企业现金股利派发率较低。我国更多依靠一系列行政监管措施来引导和强制企业分派现金股利（陈艳等，2015）。其中，以证监会2008年10月9日颁布的《关于修改上市公司现金分红若干规定的决定》最为典型。该决定对有再融资动机或再融资需求企业的现金股利分红行为影响更大，又叫半强制股利政策。该政策对很多企业的股利分配策略有重要影响，基于此，本章试图以半强制股利政策作为起点考察企业投资行为，以期拓展现有研究。

现金股利分派具有信号传递作用，可以提高潜在投资者对企业的投资意向，增强上市公司在资本市场的吸引力。然而，现金股利分派水平越高，就一定代表企业更保护投资者利益、更有长远的发展眼光吗？理论而言，企业的股利分派政策和筹资策略都是为企业持续经营发展服务，即为企业的投资战略服务。实际上，半强制股利政策迫使有再融资需求的企业将股利分派政策作为企业战略的第一准则，而这将导致股利分派与企业投资目标脱节，干扰企业的投资决策。半强制股利政策将企业本来的"投资到分红"的决策顺序扭曲为"分红到投资"的决策顺序，降低了企业信号的有效性，降低了投资者借股利分配政策对企业经营有效性进行信息甄别的能力。正所谓"鱼与熊掌不可兼得"，企业的融资需求和现金分红实力脱节。内部筹资和留存收益积累是企业发展的重要因素。半强制股利政策在一定程度上将企业的内部筹资和外部筹资放在了对立面，先将资金成本较低的利润作为现金股利分派出去，接着通过股权融资吸收资金成本较高的外部资本，无论是真实需求的分红融资行为，还是"钓鱼式"分红行为，都会增加企业筹资负担，影响企业的竞争力和成长性，也与市场资源优化配置目标不符；另外，大股东也可能利用半强制股利政策"掏空"企业资金，进行虚假融资。以上两点严重时，甚至会引发资本市场"劣币驱逐良币"，带来逆向选择问题。所以说，半强制股利政策影响了企业的股利支付，特别是现金股利支付行为，同时直接影响企业的投资行为。

过去的文献主要关注半强制股利政策的有效性，如对上市公司现金分红的影响（魏志华等，2017；马宏、胡耀亭，2017；刘星等，2016；全怡等，2016；安青松，2012；陈云玲，2014；郑蓉、干胜道，2014）、对公司现金持有量的影响（文武健，2014）、对过度投资的影响（刘银国等，2014；王国俊等，2017）、对财务绩效的影响（秦海林、潘丽莎，2019；江南春，2014）、对股利政策的影响（高文亮等，2018；陈金勇等，2017；宋佳、陈名芹，2014；王满等，2014）、对盈余管理的影响（戴志敏、楼杰云，2016）、对创新的影响（杜金岷等，2019）、对监管的影响（吴春贤等，2017；李常青等，2010；郑蓉等，2014）等。尚无文献从融资动机和股利分配行为角度，考察半强制股利政策对过度投资和投资不足的综合影响。本章选用2001~2015年我国沪深 A 股上市公司数据作为研究对象，利用双重差分模型实证考察半强制股利政策与企业投资行为的关系，进一步检验了半强制股利政策背景下企业筹资需求和现金分派对投资过度和投资不足相关性的影响，重点关注了以下问题。（1）半强制股利政策的实施对企业投资过度和投资不足的整体影响怎样？（2）政策实施后融资需求的动机对缓解投资过度是否有效？（3）政策实施后支付股利的行为对投资过度的影响怎样？

本章的贡献主要体现在如下三点。第一，基于半强制股利政策—融资需求（动机）—股利支付（行为）—投资行为视角，对资金需求和融资行为基于半强制股利政策带来的投资选择进行分类验证，拓展了半强制股利政策效应研究的范围，也为从股利分派政策考察企业投资行为提供了增量证据。第二，研究发现，半强制股利政策的实施缓解了投资过度，加剧了投资不足；半强制股利政策实施后有融资需求的公司会更加缓解投资过度；半强制股利政策的实施会强化股利支付对投资过度的抑制作用，加剧股利支付对投资不足的增进作用；公司治理水平高和盈利水平高的支付现金股利的企业在半强制股利政策强化投资过度抑制方面的效果好于公司治理水平低和盈利水平低的企业，这为企业投资决策的制定提供了独特的"实验场所"，深化了本章的理论价值。第三，作为中国特有的股利政策，半强制股利政策一直备受争议，本章的研究有助于更全面地评价半强制股利政策的实践后果，为国家完善现金股利分派政策具有重要的启示意义。

本章以下的部分安排如下：第二节是文献综述与假设提出；第三节是研究设计；第四节是样本选择与描述性统计；第五节是实证结果分析；第六节是稳健性检验；第七节是进一步分析；第八节是结论。

第二节　文献综述与假设提出

"股利代理理论"认为，由于信息不对称的存在，过低的现金派发会加重管理层与股东的冲突，半强制股利政策能够强化企业现金股利的派发，减少管理层与股东的代理矛盾，而且该政策影响企业利润分配方式，能够减少企业的利润留存规模，减少企业可自由支配的现金流，当企业能够控制的现金流减少时，管理者实施非理性投资和过度投资行为的可能性减少（刘星、汪洋，2014）。郭红彩（2013）证实，一方面，高管存在减少上市公司现金分派的动机，这种动机可能诱发企业过度投资或投资不足，半强制股利政策通过强制性政策为高管派发股利制定了最低标准，进而对企业的投资行为产生影响；另一方面，强制派现迫使有再融资需求的企业进行外部融资，有助于股东对管理层的实质性监督，进一步缓解了二者的代理冲突。但一旦股利分派策略并非出自企业本心，就投资目标和未来企业价值而言，管理层和股东之间的信息传递会出现障碍。在信贷配给不足的背景下，企业通过生产经营获得的资金是影响投资决策的重要因素，在资金有限的情况下，企业投资方向对现金流非常敏感（陈艳等，2015）。如 Ramalingegowda 等（2013）发现，股利现金分派计划与企业研发投资计划互相束缚，研发投资会优选风险较低、资金成本较低的内源性融资；王国俊等（2017）也证实，企业现金分派行为提高了企业重大投资安排的敏感性。简单来讲，现金股利支付越多，可用来投资的内源性资金越少，很多企业为获得外源性融资，会将半强制股利政策规定的最低分派门槛作为首要考量因素，即便企业短期资金相对充足，证监会的融资规定不足以对其短期再融资产生影响，最低的现金分派要求也犹如"达摩克利斯之剑"，企业会担心未来的融资需求，因而存在预防性储蓄动机（余静文，2012）。另外，魏明海和柳建华（2007）发现，国有企业低现金股利政策会加剧过度投资，外部治理环境的改善能够制约企业的过度投资行为；对于资金不充足的企业更是如此，为了获得再融资资格，企业必须迎合政策要求，这会使企业在考虑投资行为时较为保守，是否有足够的现金以供股利分派，成为这类企业决策的第一要素。企业确实需要额外融资时，半强制股利政策加大了企业从外部资本市场获取资金的难度，除决策优先级外，资金成本也是企业考虑投资额度的重要因素。股利分派出去的内源性资金成本最低，资本市场股权再融资资金成本最高。半强制股利政策在提高企业资金成本和资金获取难度的同时，使企业做出的投资决策更为谨慎或保守。基于此，提出本章假设 1。

假设 1：半强制股利政策的实施缓解了投资过度，加剧了投资不足。

接下来从再融资动机的角度进一步分析。显然，有再融资动机的公司受半强制股利政策的影响更大。除"钓鱼式"分红企业外，融资需求本身代表了企业资金短缺，需要利用再融资手段筹集资金，此时，半强制股利政策对企业形成了强约束。这时，半强制股利政策的矛盾就会体现出来，毕竟，企业再融资意愿未必等于再融资实力，在融资需求成为企业生存或发展的第一需求时，企业有限的资金需要首先达到政策规定的最低分红标准。正如李常青等（2010）发现的"监管悖论"，半强制分红政策难以约束无融资需求的上市企业，对于有再融资需求的企业而言，该政策又强制企业分红，进一步加大了企业融资约束，其资金对投资决策更为敏感。企业外部融资资金成本远高于留存收益的资金成本，对于融资需求较大的公司而言，为降低资金成本和筹资难度，应尽量首选留存收益进行投资。换言之，国家政策本应鼓励资金充沛的企业派发现金股利，但半强制股利政策迫使资金匮乏的企业派发更多现金股利，以符合再融资的标准，加大了这些企业的融资难度和资金成本，忽略了成长性公司的实际需求。所以政策中限定股利分配形式仅为现金股利的规定，提高了高成长性公司的融资门槛，减少了可用于投资的内部资金，导致监管失灵（王志强、张玮婷，2012）。刘银国等（2014）也证实，半强制分红政策帮助企业有效抑制过度投资，但这种有效抑制作用仅对资产负债率较高、成长性和非国有企业效果显著。这些企业恰恰是融资需求的主体。基于此，提出本章假设2。

假设2：半强制股利政策实施后，有再融资需求的公司会更加缓解投资过度。

接着强化融资需求，从实际的股利支付行为角度进一步分析。"剩余股利理论"认为，股利分配决策和投资决策相互影响，其中，投资决策应居主位，股利分配决策应居次位，企业应在投资现金流需求的基础上决定股利分配决策（Bhaduri和Durai，2006）。Brav等（2005）的问卷调查也证实了企业的现金分红决策应在投资决策的前提下考虑。而半强制股利政策颠覆了企业的决策顺序，企业在股利分配策略的背景下考虑投资选择，一方面，该政策是一把双刃剑，强制分红制度虽然能够约束大股东和管理层行为，保护中小投资者短期的现金流权利（支晓强等，2014），但也可能歪曲投资计划（刘银国等，2014）；另一方面，在完美的资本市场，投资机会是投资决策的唯一驱动因素（Hayashi，1982），现实世界有各种缺陷，企业始终面临投资不足或投资过度的风险，企业为达到证监会的融资规定，会通过股利分配政策操纵现金流。内部自由现金流富余且投资过度的企业，发放现金股利能够有效减少自由现金流（王茂林等，2014），派发股利可以缓解过度投资（魏明海、柳建华，2007；肖珉，2010）。在半强制股利政策背景下，企业首先要达到证监会规定的再融资"门槛"，在有限的资金总量约束下，在支付股利和投资扩张需求中寻找平衡，显然，股利支付的要求增加，会限制企业大规模投资的资金规模，即半强制股利政策增强了股利支付与投资过度的敏感性关系（郭慧婷等，2011）。基于此，提出本章假设3。

假设3：半强制股利政策的实施会强化股利支付对投资过度的抑制作用。

一方面，"合规效应"表明，企业的现金股利决策会迎合半强制分红政策（陈艳等，2015），但是，现金股利并非支付越多越好，过高的股利支付会加重股东和债权人的代理冲突，债权筹资成本和难度加大，同样会抑制企业的投资行为（Rozeff，1982）。更有甚者，企业还可能为了满足"合规效应"，通过举债来满足政策要求的现金股利派发标准，债权人势必要求增加报酬率（陆正飞等，2010）。这部分超额的债权融资资金成本会进一步压缩企业投资项目的净现值（NPV）。现金股利分派政策通过调节企业可自由支配现金流对其投资行为产生作用，而处于成长阶段的企业资本结构中负债率相对较高，现金流相对紧张。在没有半强制股利政策时，这类企业倾向于选择较高的留存收益筹集资金，减少分红，以较低的资本成本筹资来进行投资，通过既有现金流减轻负担；而在半强制股利政策下，这些企业不得不降低留存利润，分派现金股利后，通过再融资以满足潜在的投资需求，这类企业虽然达到了政策要求的再融资门槛，但伴随的副作用是资金成本的增加和投资机会的丧失

（刘银国等，2014）。"拆东墙补西墙"以应付半强制股利政策给这类企业带来了沉重负担，即公司已经因为融资约束而投资不足时，强制的股利分配政策会进一步加剧企业的投资不足。这一观点得到很多研究的证实，如陈云玲（2014）发现，有再融资需求的上市公司是最需要资金的企业主体，半强制股利政策使这些公司的资金缺口进一步加大，原已短缺的资金变得更加匮乏，内源资金匮乏迫使企业放弃了一些必要的投资机会，损害股东的利益；在自由现金流紧缺且投资不足时，企业支付现金股利会加剧现金流紧缺，造成更严重的投资不足（王茂林等，2014）；肖珉（2010）也发现，现金流紧缺的公司，现金股利派发并不能弱化企业资金缺口与投资不足的关系，甚至可能加剧企业的投资不足，并深受其累。另一方面，还有一些更糟糕的原因或后果会使一部分企业"雪上加霜"，现金股利可能成为大股东套现、谋取私利的工具。半强制股利政策有可能成为"掏空"企业资金行为的保护伞，影响未来的投资能力，继而伤害中小投资者的利益和企业的长远发展机会，产生严重的逆向选择问题。正如强国令（2014）得到的令人困惑的研究结果，资金需求较高的成长性企业理应首选资金成本最低的留存收益内部筹资方式，即便受强制分红制度的约束，也只需投入政策规定的最低现金股利支付率（30%），事实上大部分公司的现金股利支付率远高于政策确定的最低标准，可想而知，有一部分企业借由强制分红制度进行大股东资金套现和"圈钱"。如前所述，企业再融资需求越高，对资本市场的融资依赖越大，越容易出现现金股利分派过多加剧投资不足的现象，半强制股利政策给企业带来"合规效应"，也可能带来"逆向选择"，造成项目投资的资金成本上升，导致有盈利预期的投资项目难以实施，进一步抑制投资行为。基于此，提出本章假设 4。

假设 4：半强制股利政策的实施会加大股利支付对投资不足的增进作用。

第三节　研究设计

为衡量企业过度投资和投资不足水平，本章均采用 Richardson（2006）和吴超鹏等（2012）的投资模型，见模型（4-1）。

$$inv_t = \beta_0 + \beta_1 TobinQ_{t-1} + \beta_2 lev_{t-1} + \beta_3 cash_{t-1} + \beta_4 age_{t-1} + \beta_5 ret_{t-1} \\ + \beta_6 Size_{t-1} + \beta_7 inv_{t-1} + YearEffects + IndEffects + \varepsilon \tag{4-1}$$

其中，$TobinQ$ 是公司的托宾 Q 值，等于公司股东权益的市场价值和净债务之和除以 $t-1$ 年末总资产；lev 表示公司资产负债率；$Cash$ 等于现金及现金等价物除以总资产；age 表示公司上市年限；ret 表示公司股票收益率；$Size$ 表示公司规模，等于 $t-1$ 年末总资产的自然对数；inv 表示实际新增投资率，采用固定资产、在建工程及工程物资、长期投资和无形资产的净增加额之和除以年初总资产度量；*YearEffects* 表示年度固定效应；*IndEffects* 表示行业固定效应。本章的过度投资指企业实际新增投资支出超出预期投资支出的部分，具体以模型（4−1）中的正残差值 ε 衡量；反之，投资不足指企业预期投资支出超出实际新增投资支出的部分，具体以模型（4−1）中的负残差值衡量。

接下来，为检验提出的四个假设，本章采用双重差分（DID）的方法研究半强制股利政策实施对企业投资行为的影响，并构建模型（4−2）、模型（4−3）和模型（4−4），双重差分法能检验政策实施前后企业投资出现何种变化，也可以避免内生性带来的有偏估计，进而有效控制解释变量和被解释变量之间的相互影响效应，避免半强制股利政策作为解释变量存在的内生性问题，较为清晰地辨识出半强制股利政策的效果。

$$
\begin{aligned}
Overinv/Underinv =&\beta_0 + \beta_1 After + \beta_2 EF + \beta_3\, Divpay \\
&+ \beta_4\, Bigfour + \beta_5 Size + \beta_6 Lev + \beta_7 ROA \\
&+ \beta_8 TobinQ + \beta_9 Cfo + \beta_{10} Cycle + \beta_{11} Soe \\
&+ \beta_{12}\, Firshare + \beta_{13} CEO + FixedEffects + \varepsilon
\end{aligned}
\tag{4-2}
$$

$$
\begin{aligned}
Overinv =&\beta_0 + \beta_1 After + \beta_2 EF + \beta_3 After \times EF + \beta_4 Divpay \\
&+ \beta_5 Bigfour + \beta_6 Size + \beta_7 Lev + \beta_8 ROA \\
&+ \beta_9 TobinQ + \beta_{10} Cfo + \beta_{11} Cycle + \beta_{12} Soe
\end{aligned}
\tag{4-3}
$$

$$+ \beta_{13}Firshare + \beta_{14}CEO + FixedEffects + \varepsilon$$

$$
\begin{aligned}
Underinv = {} & \beta_0 + \beta_1 After + \beta_2 EF + \beta_3 After \times EF \\
& + \beta_4 Divpay + \beta_5 After \times Divpay + \beta_6 Bigfour \\
& + \beta_7 Size + \beta_8 Lev + \beta_9 ROA + \beta_{10} TobinQ \\
& + \beta_{11} Cfo + \beta_{12} Cycle + \beta_{13} Soe \\
& + \beta_{14} Firshare + \beta_{15} CEO \\
& + FixedEffects + \varepsilon
\end{aligned}
\qquad (4-4)
$$

　　本章的被解释变量为通过模型（4-1）残差计算出的过度投资水平 $Overinv$ 和投资不足水平 $Underinv$。解释变量中，$After$ 为分组虚拟变量，政策实施后取 1，实施前取 0；EF 表示再融资动机；交乘项 $After \times EF$ 用于度量再融资动机组的政策效应；$Divpay$ 表示现金股利支付率；$Dumseo$ 也表示再融资动机，用来替代 EF 进行稳健性检验；$Divdum$ 表示是否支付现金股利的虚拟变量，用来替代 $Divpay$ 进行稳健性检验。参考已有关于半强制股利政策的研究文献，本章选取是否国际四大审计 $Bigfour$、公司规模 $Size$、资产负债率 Lev、资产收益率 ROA、托宾 Q 值 $TobinQ$、现金持有水平 Cfo、生命周期 $Cycle$、最终控制权性质 Soe、第一大股东持股比例 $Firshare$、总经理和董事长是否两职合一 CEO 作为控制变量。$FixedEffects$ 表示固定效应。具体变量定义见表 4-1。

表 4-1　变量定义

变量类型	变量符号	变量含义和计算方法
被解释变量	*Overinv*	表示投资过度，采用 Richardson（2006）和吴超鹏等（2012）的研究方法，建立公司预期正常新增投资率的估算模型（4-1）
	Underinv	表示投资不足，采用 Richardson（2006）和吴超鹏等（2012）的研究方法，建立公司预期正常新增投资率的估算模型（4-1）
解释变量	*After*	表示政策实施的虚拟变量，在 2008 年（含）半强制股利政策实施后，则 *After*=1，否则 *After*=0
	EF	表示再融资动机，近两年总资产复合增长率－（近两年负债复合增长率＋留存收益增长率）（Durnev 和 Kim，2005）
	Dumseo	表示再融资动机，用当年是否公布了再融资预案来表示（魏志华等，2014），如果公布，则 *Dumseo*=1，否则 *Dumseo*=0
	Divpay	表示现金股利支付率，当年现金股利支付数额／当年净利润
	Divdum	表示是否支付现金股利的虚拟变量，公司当年支付了现金股利，则 *Divdum*=1，否则 *Divdum*=0
控制变量	*Bigfour*	表示是否国际四大审计，如果是，则 *Bigfour*=1，否则 *Bigfour*=0
	Size	表示公司规模，期末总资产取自然对数
	Lev	表示资产负债率，期末总负债／总资产
	ROA	表示资产收益率，当期净利润／总资产
	TobinQ	表示托宾 Q 值，（股权市值＋债务净值）／期末总资产
	Cfo	表示现金持有水平，经营活动现金流量／期末总资产
	Cycle	表示生命周期，留存收益／期末总资产（Denis 和 Osobov，2008）
	Soe	表示最终控制权性质，如果为国有，则 *Soe*=1，否则 *Soe*=0
	Firshare	表示第一大股东持股比例
	CEO	表示总经理和董事长是否两职合一，如果是，则 *CEO*=1，否则 *CEO*=0

第四节　样本选择与描述性统计

一　样本选择与样本分布

本章选取 2001~2015 年我国沪深 A 股上市公司数据作为初始研究样本，得到 44582 个样本。为确保研究结果的准确性和科学性，本章对样本进行了如下处理：剔除金融行业样本 1184 个，剔除缺失预计投资计算数据的样本 21906 个，剔除其他控制变量缺失的样本 3764 个，最终得到 17728 个有效样本。然后，根据模型（4-1）的回归残差值，得到正残差值（投资过度）样本 7334 个，负残差值（投资不足）样本 10394 个（见表 4-2 Panel A）。对所有连续变量进行 Winsorize 处理。本章的股票交易数据、公司财务数据和公司治理数据都来自国泰安（CSMAR）数据库，股利支付数据来自万得（Wind）数据库。

表 4-2　样本选择

单位：个，%

Panel A: 样本选择	
CSMAR 数据库中 2001 ～ 2015 年样本量	44582
减：金融行业的样本量	（1184）
减：缺失预计投资计算数据的样本量	（21906）
减：其他控制变量缺失的样本量	（3764）
最终研究样本量	17728

续表

Panel B: 样本的行业分布		
	样本量	占比
农、林、牧、渔业	254	1.43
采矿业	579	3.27
制造业	8643	48.75
电力、热力、燃气及水生产和供应业	971	5.48
建筑业	485	2.74
交通运输、仓储和邮政业	733	4.13
信息传输、软件和信息技术服务业	2051	11.57
批发和零售业	1480	8.35
房地产业	1333	7.52
居民服务、修理和其他服务业	740	4.17
文化、体育和娱乐业	205	1.16
综合	254	1.43
合计	17728	100

Panel C: 样本的年度分布		
	样本量	占比
2001	664	3.75
2002	750	4.23
2003	797	4.50
2004	864	4.87
2005	895	5.05
2006	971	5.48
2007	989	5.58
2008	1034	5.83
2009	1155	6.52
2010	1230	6.94
2011	1306	7.37
2012	1575	8.88
2013	1784	10.06
2014	1873	10.57
2015	1841	10.38
合计	17728	100

注：括号内的数字为减数。

由表 4-2 Panel B 的行业分布可知，制造业企业仍为样本的主体，共有 8643 个样本，占总样本量的 48.75%；其次为信息传输、软件和信息技术服务业，共有 2015 个样本，占总样本量的 11.57%；剩余的两大行业分别为批发和零售业、房地产业，共计 2813 个样本，占总样本量的 15.87%，以上四大行业共计占总样本量的 76.19%，是本章研究的主体对象。从表 4-2 Panel C 的年度分布可以看出，年度样本数总体上呈逐年增加态势，其中，2011~2012 年和 2012~2013 年样本占比增量分别达到 1.51 个和 1.18 个百分点，其他年度样本占比增量变化较小。

二　描述性统计分析

表 4-3 报告了本章各主要变量的描述性统计结果。由表 4-3 Panel A 可以看出，实际新增投资率 *inv* 平均值（中位数）为 0.091（0.036），最大值（36.944）和最小值（-0.611）相差 37.555，差距很大，说明企业实际新增投资总体水平较低，且企业之间存在较大差异；半强制股利政策实施的虚拟变量 *After* 均值（中位数）为 0.666（1.000），与表 4-2 Panel C 样本的年度分布情况相符；再融资动机 *EF* 均值（中位数）为 -0.292（-0.208），最大值（0.991）与最小值（-4.271）相差 5.262，可见企业总体平均融资需求不算大，但是企业之间实际融资需求差距很大；现金股利支付率 *Divpay* 最小值为 0.000，可见有的

企业当年未分派现金股利，*Divpay* 最大值为 2.123，有的企业当年现金股利支付数额达到了当年净利润的两倍以上，支付额度非常高，*Divpay* 均值（中位数）为 0.270（0.201），总体上样本当年派发的现金股利占当年净利润的 27.0% 左右，企业间现金股利支付率差异较大。由 Panel B 和 Panel C 可以看出，样本中41.37% 的公司投资过度，58.63% 的公司投资不足。两部分样本的统计分布与总样本统计分布规律基本一致，此处不再赘述。

表 4-3　描述性统计

变量	均值	中位数	标准差	最小值	四分位数	第三四分位数	最大值	样本量
Panel A: 全部样本								
inv	0.091	0.036	0.457	−0.611	−0.002	0.105	36.944	17728
After	0.666	1.000	0.472	0.000	0.000	1.000	1.000	17728
EF	−0.292	−0.208	0.501	−4.271	−0.426	−0.044	0.991	17728
Divpay	0.270	0.201	0.307	0.000	0.000	0.409	2.123	17728
Bigfour	0.069	0.000	0.254	0.000	0.000	0.000	1.000	17728
Size	21.882	21.725	1.236	18.657	21.024	22.566	27.294	17728
Lev	0.479	0.486	0.199	0.038	0.336	0.622	3.805	17728
ROA	0.035	0.031	0.053	−0.703	0.012	0.057	0.355	17728
TobinQ	0.481	0.487	0.198	0.046	0.339	0.623	3.808	17728
Cfo	0.049	0.048	0.076	−0.323	0.008	0.092	0.387	17728
Cycle	0.119	0.128	0.217	−4.837	0.070	0.203	0.562	17728
Soe	0.608	1.000	0.488	0.000	0.000	1.000	1.000	17728
Firshare	0.377	0.359	0.160	0.082	0.249	0.499	0.813	17728
CEO	0.145	0.000	0.352	0.000	0.000	0.000	1.000	17728

续表

变量	均值	中位数	标准差	最小值	四分位数	第三四分位数	最大值	样本量
Panel B: 投资过度样本								
Overinv	0.168	0.073	0.334	0.000	0.029	0.172	4.649	7334
After	0.653	1.000	0.476	0.000	0.000	1.000	1.000	7334
EF	−0.353	−0.261	0.518	−4.271	−0.497	−0.089	0.991	7334
Divpay	0.268	0.210	0.293	0.000	0.000	0.402	2.123	7334
Bigfour	0.081	0.000	0.272	0.000	0.000	0.000	1.000	7334
Size	22.099	21.910	1.299	18.754	21.178	22.848	27.294	7334
Lev	0.501	0.510	0.186	0.042	0.370	0.637	2.723	7334
ROA	0.039	0.034	0.046	−0.292	0.014	0.058	0.355	7334
TobinQ	0.503	0.511	0.185	0.048	0.373	0.638	2.687	7334
Cfo	0.050	0.049	0.073	−0.250	0.011	0.092	0.351	7334
Cycle	0.122	0.122	0.187	−3.474	0.071	0.192	0.562	7334
Soe	0.606	1.000	0.489	0.000	0.000	1.000	1.000	7334
Firshare	0.380	0.362	0.162	0.082	0.249	0.503	0.813	7334
CEO	0.145	0.000	0.352	0.000	0.000	0.000	1.000	7334
Panel C: 投资不足样本								
Underinv	0.126	0.071	0.197	0.000	0.033	0.139	2.474	10394
After	0.674	1.000	0.469	0.000	0.000	1.000	1.000	10394
EF	−0.249	−0.175	0.484	−4.271	−0.371	−0.017	0.991	10394
Divpay	0.271	0.193	0.317	0.000	0.000	0.414	2.123	10394
Bigfour	0.062	0.000	0.240	0.000	0.000	0.000	1.000	10394
Size	21.729	21.609	1.165	18.657	20.924	22.344	27.294	10394
Lev	0.463	0.465	0.206	0.038	0.316	0.611	3.805	10394

变量	均值	中位数	标准差	最小值	四分位数	第三四分位数	最大值	样本量
ROA	0.033	0.030	0.058	−0.703	0.011	0.057	0.313	10394
TobinQ	0.465	0.467	0.205	0.046	0.318	0.613	3.808	10394
Cfo	0.048	0.046	0.079	−0.323	0.006	0.093	0.387	10394
Cycle	0.118	0.132	0.237	−4.837	0.070	0.212	0.562	10394
Soe	0.609	1.000	0.488	0.000	0.000	1.000	1.000	10394
Firshare	0.375	0.356	0.159	0.082	0.248	0.495	0.813	10394
CEO	0.146	0.000	0.353	0.000	0.000	0.000	1.000	10394

三　投资过度数据相关性分析

表 4−4 报告了变量之间的 Pearson 相关系数和 Spearman 相关系数。投资力度水平与半强制股利政策的 Pearson 相关系数和 Spearman 相关系数均显示二者正相关，并在 1% 的水平下显著；与融资动机的 Pearson 相关系数和 Spearman 相关系数均显示二者负相关，并在 1% 的水平下显著；与现金股利支付率的 Pearson 相关系数为负且未通过显著性检验，Spearman 相关系数为正且未通过显著性检验。以上相关系数矩阵未控制其他变量，为本研究提供初步研究结果。接下来，我们分别用模型（4−2）~模型（4−4）进一步检验本章的四个假设。

表4-4　变量之间的相关系数

	Overinv	After	EF	Divpay	Bigfour	Size	Lev	ROA	TobinQ	Cfo	Cycle	Soe	Firshare	CEO
Overinv	1.000	0.098	-0.133	0.014	0.036	0.127	0.008	0.051	0.008	0.056	-0.022	-0.014	0.027	0.027
		<.0001	<.0001	0.246	0.002	<.0001	0.478	<.0001	0.472	<.0001	0.055	0.219	0.027	0.019
After	0.110	1.000	0.076	-0.002	0.019	0.356	0.007	0.042	0.008	-0.076	0.224	-0.202	-0.117	0.157
	<.0001		<.0001	0.880	0.097	<.0001	0.523	0.000	0.490	<.0001	<.0001	<.0001	<.0001	<.0001
EF	-0.192	0.050	1.000	-0.119	0.006	-0.041	-0.005	-0.416	-0.005	-0.077	-0.187	0.033	-0.124	-0.025
	<.0001	0.003		<.0001	0.596	0.001	0.700	<.0001	0.680	<.0001	<.0001	0.005	<.0001	0.030
Divpay	-0.010	-0.035	-0.014	1.000	0.115	0.160	-0.170	0.293	-0.171	0.186	0.269	0.067	0.154	-0.017
	0.399	0.003	0.215		<.0001	<.0001	<.0001	<.0001	<.0001	<.0001	<.0001	<.0001	<.0001	0.144
Bigfour	0.019	0.019	0.016	0.083	1.000	0.293	0.034	0.091	0.033	0.092	0.106	0.110	0.116	-0.051
	0.113	0.097	0.166	<.0001		<.0001	0.004	<.0001	0.005	<.0001	<.0001	<.0001	<.0001	<.0001
Size	0.146	0.342	-0.030	0.088	0.363	1.000	0.363	0.049	0.361	0.024	0.110	0.154	0.152	-0.047
	<.0001	<.0001	0.009	<.0001	<.0001		<.0001	<.0001	<.0001	0.044	<.0001	<.0001	<.0001	<.0001
Lev	0.017	-0.004	-0.027	-0.153	0.034	0.347	1.000	-0.407	1.000	-0.169	-0.525	0.148	0.004	-0.105
	0.135	0.733	0.022	<.0001	0.004	<.0001		<.0001	<.0001	<.0001	<.0001	<.0001	0.749	<.0001
ROA	0.012	0.058	-0.225	0.153	0.088	0.075	-0.380	1.000	-0.406	0.380	0.636	-0.071	0.115	0.041
	0.299	<.0001	<.0001	<.0001	<.0001	<.0001	<.0001		<.0001	<.0001	<.0001	<.0001	<.0001	0.001

续表

	Overinv	After	EF	Divpay	Bigfour	Size	Lev	ROA	TobinQ	Cfo	Cycle	Soe	Firshare	CEO
TobinQ	0.018	-0.003	-0.027	-0.154	0.033	0.344	1.000	-0.380	1.000	-0.169	-0.526	0.146	0.003	-0.104
	0.131	0.787	0.020	<.0001	0.005	<.0001	<.0001	<.0001		<.0001	<.0001	<.0001	0.784	<.0001
Cfo	0.013	-0.066	-0.036	0.128	0.085	0.023	-0.177	0.366	-0.178	1.000	0.269	0.055	0.069	-0.023
	0.267	<.0001	0.002	<.0001	<.0001	0.050	<.0001	<.0001	<.0001		<.0001	<.0001	<.0001	0.050
Cycle	-0.021	0.113	-0.102	0.163	0.082	0.198	-0.401	0.457	-0.406	0.202	1.000	-0.104	0.051	0.085
	0.077	<.0001	<.0001	<.0001	<.0001	<.0001	<.0001	<.0001	<.0001	<.0001		<.0001	<.0001	<.0001
Soe	-0.010	-0.202	0.025	0.058	0.110	0.174	0.152	-0.060	0.151	0.053	-0.026	1.000	0.258	-0.235
	0.369	<.0001	0.035	<.0001	<.0001	<.0001	<.0001	<.0001	<.0001	<.0001	0.024		<.0001	<.0001
Firshare	0.034	-0.123	-0.117	0.133	0.120	0.182	0.001	0.120	0.000	0.065	0.095	0.257	1.000	-0.093
	0.004	<.0001	<.0001	<.0001	<.0001	<.0001	0.937	<.0001	0.992	<.0001	<.0001	<.0001	1.000	<.0001
CEO	0.016	0.157	-0.027	-0.020	-0.051	-0.054	-0.104	0.032	-0.103	-0.025	0.004	-0.235	-0.091	1.000
	0.182	<.0001	0.020	0.079	<.0001	<.0001	<.0001	0.006	<.0001	0.033	0.754	<.0001	<.0001	

注：Pearson 相关系数在左下，Spearman 相关系数在右上；同一格内下方的数字表示显著性水平。

第五节　实证结果分析

一　半强制股利政策与投资过度／投资不足

为检验本章的假设 1，采用模型（4-2）进行回归分析。表 4-5 报告了半强制股利政策与投资过度和投资不足的回归结果，第（1）（2）列的被解释变量是投资过度，第（3）（4）列的被解释变量是投资不足。由第（1）列可知，在未控制行业固定效应的情况下，表示政策实施的变量 *After* 的回归系数显著为负，并在 1% 的水平下显著（β_1=-0.049，t=-5.98）。在第（2）列控制行业固定效应的情况下，*After* 的回归系数仍然显著为负，并在 1% 的水平下显著（β_1=-0.051，t=-6.12），这一结果不仅具有统计学意义，其经济意义也很明显，半强制股利政策的实施会缓解企业投资过度。由第（3）列可知，在未控制行业固定效应的情况下，*After* 的回归系数显著为正，并在 1% 的水平下显著（β_1=0.080，t=-16.42）；在第（4）列控制行业固定效应的情况下，代表 *After* 的回归系数仍然显著为正，并在 1% 的水平下显著（β_1=0.081，t=17.89）。第（3）（4）列结果与第（1）（2）列刚好相反，说明半强制股利政策的实施会加剧企业投资不足。这说明，半强制股利政策减少企业可自由支配的现金流，在提高企业资金成本和资金获取难度的同时，使企业做投资决策时更为主动保守或被动收缩。以上结论支持本章的假设 1。

从再融资动机变量 *EF* 来看，再融资动机与投资过度和投资不足均呈负相关关系，且均在 1%（t 值分别为 −8.04、−8.03、−2.84、−2.51）的水平下显著，说明投资过度的企业有融资需求时更倾向于缓解投资过度，变得更为理性或保守；投资不足的企业有融资需求时会缓解投资不足，加大投资额度。现金股利支付率 *Divpay* 也与投资过度和投资不足呈负相关关系，分别在 10%（t=−1.90）、5%（t=−2.24）、1%（t=−3.28）、1%（t=−3.01）的水平下显著，说明投资过度的企业进行股利支付时现金流减少，更倾向于缓解投资过度；投资不足的企业进行股利支付时会缓解投资不足，其分派现金股利本身就包含了加大投资额的筹资目的。

从控制变量来看，是否国际四大审计与投资过度在 5% 的水平下显著，与投资不足的关系不显著，可见，国际四大审计师事务所的监督职能能够缓解企业投资过度。公司规模与投资过度在 1% 的水平下显著正相关，与投资不足在 1% 的水平下显著负相关，可见规模越大的企业越倾向于投资过度，也越可能缓解投资不足，加大投资规模。资产收益率 *ROA* 与投资过度在 1% 的水平下显著负相关，与投资不足在 5% 和 1% 的水平下显著正相关，可见资产收益率越高的企业，越可能缓解过度投资，也越可能加大投资不足，使企业压缩投资规模。生命周期 *Cycle* 与投资过度和投资不足均在 1% 的水平下呈负相关关系，说明更成熟的企业会压缩投资，更年轻、成长性更高的企业会加大投资。

表 4-5　总体情况

	Overinv（1）	Overinv（2）	Underinv（3）	Underinv（4）
After	−0.049***	−0.051***	0.080***	0.081***
	（−5.98）	（−6.12）	（16.42）	（17.89）
EF	−0.138***	−0.138***	−0.012***	−0.010**
	（−8.04）	（−8.03）	（−2.84）	（−2.51）
Divpay	−0.024*	−0.028**	−0.019***	−0.016***
	（−1.90）	（−2.24）	（−3.28）	（−3.01）
Bigfour	−0.041**	−0.031**	−0.003	0.002
	（−2.32）	（−2.09）	（−0.36）	（0.25）
Size	0.050***	0.050***	−0.016***	−0.017***
	（8.54）	（8.56）	（−5.96）	（−8.20）
Lev	0.392	0.785	0.031	0.123
	（0.45）	（0.90）	（0.11）	（0.41）
ROA	−0.398***	−0.340***	0.113**	0.190***
	（−3.16）	（−2.79）	（2.26）	（3.96）
TobinQ	−0.605	−0.990	−0.117	−0.203
	（−0.70）	（−1.13）	（−0.41）	（−0.66）
Cfo	0.152***	0.026	0.044	−0.049*
	（3.08）	（0.59）	（1.52）	（−1.74）
Cycle	−0.205***	−0.195***	−0.089***	−0.081***
	（−5.12）	（−5.08）	（−4.22）	（−4.45）
Soe	−0.009	−0.023***	0.017***	0.004
	（−1.05）	（−2.82）	（3.23）	（1.02）

续表

	Overinv（1）	*Overinv*（2）	*Underinv*（3）	*Underinv*（4）
Firshare	0.014	0.013	−0.015	−0.013
	（0.50）	（0.49）	（−1.07）	（−1.23）
CEO	−0.004	−0.003	−0.005	−0.004
	（−0.34）	（−0.30）	（−0.84）	（−0.79）
常数项	−0.876***	−0.796***	0.453***	0.518***
	（−7.81）	（−7.12）	（9.08）	（12.13）
行业固定效应	否	是	否	是
年度固定效应	否	是	否	是
公司聚类	是	是	是	是
样本量	7334	7334	10394	10394
Adj R^2	0.077	0.119	0.051	0.147

注：括号内为 t 统计量，***、**、* 分别表示在 1%、5%、10% 的水平下显著。

二 半强制股利政策、融资动机与投资过度

为检验本章的假设 2，采用模型（4−3）进行回归分析。表 4−6 的第（1）列和第（3）列报告了该模型的回归结果。由第（1）列可知，再融资动机变量 *EF* 与投资过度呈负相关关系，且在 1%（β_2=−0.082，t=−5.08）的水平下显著，可能是由于有融资需求的企业虽然得到了资金，但再融资成本远高于内源融资成本，只能通过缓解过度投资来弥补之前的再融资成本；政策实施的变量 *After* 与再融资动机变量 *EF* 交乘项的系数为 −0.089，在

1% 的水平下显著（t=−2.88），说明半强制股利政策对企业形成了强约束，融资门槛提高较多，减少了企业可用于投资的内部资金，半强制股利政策实施后，有融资需求的公司会更加缓解投资过度。第（3）列中加入 *After* 与现金股利支付率 *Divpay* 的交乘项后，*After* 与 *EF* 交乘项的系数仍在 1% 的水平下显著（β_3=−0.089，t=−2.88）。其他变量结果与模型（4−2）基本一致。以上结论支持本章的假设 2。

表 4−6　投资过度情况

	Overinv（1）	*Overinv*（2）	*Overinv*（3）
After	0.018	−0.051***	0.020
	（1.57）	（−5.26）	（1.57）
EF	−0.082***	−0.138***	−0.082***
	（−5.08）	（−8.01）	（−5.07）
Divpay	−0.025**	−0.026**	−0.020*
	（−2.00）	（−2.06）	（−1.65）
After×*EF*	−0.089***		−0.089***
	（−2.88）		（−2.88）
After×*Divpay*		−0.003**	−0.007*
		（−2.14）	（−1.94）
Bigfour	−0.029*	−0.031**	−0.029*
	（−1.92）	（−2.09）	（−1.93）
Size	0.049***	0.050***	0.049***
	（8.61）	（8.55）	（8.60）

续表

	Overinv （1）	*Overinv* （2）	*Overinv* （3）
Lev	0.708	0.785	0.708
	（0.80）	（0.90）	（0.80）
ROA	−0.352***	−0.341***	−0.353***
	（−2.92）	（−2.78）	（−2.92）
TobinQ	−0.911	−0.990	−0.911
	（−1.02）	（−1.13）	（−1.02）
Cfo	0.031	0.026	0.031
	（0.70）	（0.59）	（0.70）
Cycle	−0.200***	−0.195***	−0.199***
	（−5.20）	（−5.08）	（−5.20）
Soe	−0.022***	−0.023***	−0.022***
	（−2.73）	（−2.81）	（−2.73）
Firshare	0.010	0.013	0.010
	（0.40）	（0.48）	（0.39）
CEO	−0.004	−0.003	−0.004
	（−0.33）	（−0.30）	（−0.34）
常数项	−0.776***	−0.797***	−0.777***
	（−7.10）	（−7.11）	（−7.08）
行业固定效应	是	是	是
年度固定效应	是	是	是
公司聚类	是	是	是
样本量	7334	7334	7334
Adj R^2	0.123	0.119	0.123

注：括号内为 t 统计量，***、**、* 分别表示在 1%、5%、10% 的水平下显著。

三 半强制股利政策、现金股利支付与投资过度

为检验本章的假设 3，采用模型（4-3）进行回归分析。表4-6 的第（2）列和第（3）列报告了该模型的回归结果。由第（2）列可知，表示政策实施的变量 *After* 的回归系数显著为负，并在 1% 的水平下显著（β_1=-0.051，t=-5.26），说明半强制股利政策的实施可以抑制企业投资过度；现金股利支付率 *Divpay* 的回归系数显著为负，并在 5% 的水平下显著（β_4=-0.026，t=-2.06），说明投资过度的企业进行股利支付时现金流减少，更倾向于缓解投资过度；*After* 与 *Divpay* 交乘项的系数为 -0.003，并在 5% 的水平下显著（t=-2.14），说明在有限的资金总量约束下，增加股利支付会限制企业投资的资金规模，即半强制股利政策增强了股利支付和投资过度的敏感性关系。同样，在第（3）列加入 *After* 与融资动机变量 *EF* 的交乘项后，*After* 与 *Divpay* 交乘项的系数为 -0.007，并在 10% 的水平下显著性检验（t=-1.94），说明股利分配政策会影响现金流，半强制股利政策会迫使企业在股利支付和投资过度之间达到新的平衡，即半强制股利政策的实施会加强股利支付对投资过度的抑制作用。其他变量结果与模型（4-2）基本一致。以上结论支持本章的假设 3。

四 半强制股利政策、现金股利支付与投资不足

为检验本章的假设 4，采用模型（4-4）进行回归分析，表 4-7 报告了模型的回归结果。由第（1）列可知，表示政策实施的变量 *After* 的回归系数显著为正，并在 1% 的水平下显著（β_1=0.083，t=17.18），说明半强制股利政策的实施会进一步加剧企业投资不足，导致企业被动压缩投资；变量再融资动机 *EF* 与投资不足呈负相关关系，并在 1% 的水平下显著（β_2=-0.016，t=-3.86），说明投资不足的企业有融资需求时会缓解投资不足，加大投资额度；但是 *After* 与 *EF* 交乘项的系数不显著（β_3=0.008，t=1.17），可见，对于投资不足的企业而言，半强制股利政策并不能影响有融资需求公司的投资不足行为，该交乘项第（3）列的结果（β_3=0.008，t=1.12）也证明了这点。

现在，我们仅关注半强制股利政策实施后股利支付企业的投资不足行为。根据第（2）列可知，*After* 的回归系数在 1% 的水平下显著为正（β_1=0.085，t=15.96），半强制股利政策的实施会使企业投资不足恶化；现金股利支付率 *Divpay* 与投资不足呈负相关关系，但不显著（β_4=-0.006，t=-1.02）；关键指标 *After* 与 *Divpay* 交乘项的系数为 0.014，在 10% 的水平下显著（t=1.65）。第（3）列加入 *After* 与 *EF* 的交乘项后，结果与

第（2）列保持一致，*After* 的回归系数在 1% 的水平下显著为正（β_1=0.087，t=15.57），现金股利支付率 *Divpay* 与投资不足呈负相关关系，但不显著（β_4=−0.007，t=−1.11），*After* 与 *Divpay* 交乘项的系数为 0.014，仍在 10% 的水平下显著（t=1.75），说明支付的股利越高，企业的资金成本越高，投资机会越少，半强制股利政策会进一步加剧投资不足，即半强制股利政策的实施会加大股利支付对投资不足的增进作用。其他变量的结果与模型（4-2）基本一致，不再赘述。以上结论支持本章的假设 4。

表 4-7　投资不足情况

	Underinv（1）	*Underinv*（2）	*Underinv*（3）
After	0.083***	0.085***	0.087***
	（17.18）	（15.96）	（15.57）
EF	−0.016***	−0.010**	−0.015***
	（−3.86）	（−2.46）	（−3.77）
Divpay	−0.016***	−0.006	−0.007
	（−3.07）	（−1.02）	（−1.11）
After×*EF*	0.008		0.008
	（1.17）		（1.12）
After×*Divpay*		0.014*	0.014*
		（1.65）	（1.75）
Bigfour	0.001	0.002	0.001
	（0.22）	（0.24）	（0.21）

续表

	Underinv （1）	Underinv （2）	Underinv （3）
Size	−0.017*** （−8.20）	−0.017*** （−8.21）	−0.017*** （−8.22）
Lev	0.125 （0.41）	0.125 （0.41）	0.126 （0.42）
ROA	0.192*** （3.99）	0.188*** （3.91）	0.189*** （3.94）
TobinQ	−0.205 （−0.67）	−0.204 （−0.67）	−0.206 （−0.68）
Cfo	−0.049* （−1.75）	−0.048* （−1.73）	−0.049* （−1.74）
Cycle	−0.081*** （−4.44）	−0.080*** （−4.40）	−0.080*** （−4.39）
Soe	0.004 （1.04）	0.004 （0.93）	0.004 （0.95）
Firshare	−0.013 （−1.21）	−0.014 （−1.28）	−0.014 （−1.26）
CEO	−0.004 （−0.76）	−0.004 （−0.78）	−0.004 （−0.76）
常数项	0.517*** （12.10）	0.517*** （12.08）	0.516*** （12.05）
行业固定效应	是	是	是
年度固定效应	是	是	是
公司聚类	是	是	是
样本量	10394	10394	10394
Adj R²	0.147	0.147	0.147

注：括号内为 t 统计量，***、**、* 分别表示在 1%、5%、10% 的水平下显著。

第六节　稳健性检验

一　投资过度组稳健性检验

本章通过假设1、假设2和假设3对投资过度组的半强制股利政策后果进行分析。对于模型（4-2）、模型（4-3）和模型（4-4）而言，其关键的解释变量是再融资动机和现金股利支付率。再融资动机代表了企业的筹资需求或筹资计划，现金股利支付率则代表了企业真实的现金股利支付情形。本章为验证结果的稳健性，对这两个关键解释变量进行替换。原来的再融资动机变量 *EF* 用的是近两年总资产复合增长率减去近两年负债复合增长率与留存收益增长率之和（Durnev 和 Kim，2005），在稳健性检验中，将表示再融资动机的变量替换为增发股票计划 *Dumseo*，用当年是否公布了再融资预案来表示（魏志华等，2014），公布再融资预案取值为1，未公布再融资预案取值为0。原来的现金股利支付率变量 *Divpay* 用当年现金股利支付数额除以当年净利润计算，在稳健性检验中，将代表实际现金股利支付情形的变量替换为是否支付现金股利的虚拟变量 *Divdum*，公司当年支付现金股利取值为1，未支付现金股利取值为0。表4-8是替代了两个关键变量后投资过度组的统计结果。

可以看出，虽然各模型的回归系数和 t 值略有变化，但关键变量的显著性并未发生实质改变，其他变量的结果也与前文基本一致，此处不做赘述。第（1）~（3）列中表示政策实施的变量 *After* 的回归系数均显著为负，并在 1% 的水平下显著（β_1= −0.042，t=−4.93；β_1=−0.070，t=−5.69；β_1=−0.070，t=−5.72），说明半强制股利政策的实施会缓解企业投资过度。从增发股票计划变量 *Dumseo* 来看，第（1）~（3）列中增发股票计划与投资过度变量均呈负相关关系，虽然不显著（t 值分别为 −0.22、−1.04、−0.58），但这部分与前述结果的方向是一致的。第（1）列仅有 *After* 与 *Dumseo* 的交乘项时，该系数为 −0.044，在 10% 的水平下显著（t=−1.95）；第（3）列 *After* 与是否支付现金股利 *Divdum* 的交乘项后，*After* 与 *Dumseo* 交乘项的系数仍在 10% 的水平下显著（β_3=−0.037，t=−1.82）。半强制股利政策对企业形成了强约束，抑制了企业可用于投资的内部资金，企业的投资决策会更为谨慎，半强制股利政策的实施抑制了投资过度，有融资需求的公司会更加缓解投资过度。根据第（2）列可知，*After* 与 *Divdum* 交乘项的系数为 −0.046，并在 1% 的水平下显著（t=−2.97），说明在有限的资金总量约束下，增加股利支付会限制企业投资的资金规模。同样，在第（3）列加入 *After* 与 *Dumseo* 的交乘项后，*After* 与 *Divdum* 交乘项的系数为 −0.046，并在 1% 的水平下显著（t=−2.93），说明股利分配政策会影响现金流，半强制股利政策增强了股利支付和投资过度的敏感性关系，加强股利支付对投资过度的抑制作用。以上可以证实，假设 1 中关于投资过度组的结论稳健，假设 2 和假设 3 的结论稳健。

表 4-8 投资过度组稳健性检验

	Overinv（1）	*Overinv*（2）	*Overinv*（3）
After	−0.042***	−0.070***	−0.070***
	（−4.93）	（−5.69）	（−5.72）
Dumseo	−0.003	−0.016	−0.007
	（−0.22）	（−1.40）	（−0.58）
Divdum	−0.022**	0.006	0.005
	（−2.22）	（0.66）	（0.62）
After × Dumseo	−0.044*		−0.037*
	（−1.95）		（−1.82）
After × Divdum		−0.046***	−0.046***
		（−2.97）	（−2.93）
Bigfour	−0.044***	−0.045***	−0.045***
	（−2.84）	（−2.90）	（−2.90）
Size	0.048***	0.049***	0.049***
	（8.04）	（8.07）	（8.07）
Lev	0.328	0.341	0.340
	（0.28）	（0.30）	（0.30）
ROA	0.137	0.132	0.132
	（1.24）	（1.21）	（1.21）

续表

	Overinv（1）	Overinv（2）	Overinv（3）
TobinQ	−0.457 （−0.39）	−0.470 （−0.41）	−0.469 （−0.41）
Cfo	−0.026 （−0.60）	−0.027 （−0.62）	−0.027 （−0.62）
Cycle	−0.161*** （−4.08）	−0.155*** （−3.99）	−0.155*** （−3.99）
Soe	−0.031*** （−3.52）	−0.032*** （−3.60）	−0.031*** （−3.59）
Firshare	0.054* （1.95）	0.052* （1.91）	0.052* （1.90）
CEO	0.005 （0.43）	0.005 （0.42）	0.005 （0.43）
常数项	−0.782*** （−6.69）	−0.807*** （−6.79）	−0.807*** （−6.79）
行业固定效应	是	是	是
年度固定效应	是	是	是
公司聚类	是	是	是
样本量	7334	7334	7334
Adj R²	0.077	0.078	0.078

注：括号内为 t 统计量，***、**、* 分别表示在 1%、5%、10% 的水平下显著。

二　投资不足组稳健性检验

这部分我们对投资不足组进行稳健性检验。假设 1 和假设 4 使用的模型为模型（4-2）和模型（4-4）。仍然替换融资动机和现金股利支付率两个关键的解释变量，用增发股票计划 *Dumseo* 作为融资动机 *EF* 的替代变量，用是否支付现金股利 *Divdum* 作为现金股利支付率 *Divpay* 的替代变量，表 4-9 是替代了两个关键变量后投资不足组的统计结果。

其他变量的结果也与前文基本一致，此处不做赘述。我们分析关键变量的统计结果。第（1）~（3）列中表示政策实施的变量 *After* 回归系数均显著为正，并在 1% 的水平下显著（$\beta_1=0.081$，t=17.92；$\beta_1=0.095$，t=14.81；$\beta_1=0.095$，t=14.78），说明半强制股利政策的实施会加剧企业投资不足。从增发股票计划变量 *Dumseo* 来看，第（1）~（3）列中增发股票计划与投资不足变量均呈负相关关系，第（1）列和第（3）列分别在 10% 和 5% 的水平下显著（t 值分别为 −1.82、−2.09），这部分与前述结果的方向一致。第（1）列 *After* 与 *Dumseo* 的交乘项不显著（$\beta_3=0.041$，t=0.91），第（3）列加入与 *After* 与是否支付现金股利 *Divdum* 的交乘项后，*After* 与 *Dumseo* 的交乘项也不显著（$\beta_3=0.045$，t=0.98），说明对于投资不足的企业而言，半强制股利政策并不能影响有融资需求公司的投资不足行为。接下来我们验证半强制股利政策实施后股利支付企业的投资不足。由第（2）列可知，现金股利支付 *Divdum* 与投资不足变量的关系不显著（$\beta_4=0.006$，t=1.18）；关键指标 *After* 与 *Divdum* 交乘项的系数为 0.023，在 1% 的水平下显著（t=3.30）；第（3）列加入 *After* 与 *Dumseo* 的交乘项后，结果与第

（2）列保持一致，*After* 与 *Divdum* 交乘项的系数在 1% 的水平下显著为正（$\beta_5=0.024$，t=3.38），说明支付的股利越高，企业的资金成本越高，投资机会越少，半强制股利政策的实施会加大股利支付对投资不足的增进作用。以上可以证实，假设 1 中关于投资不足组的结论稳健，假设 4 的结论稳健。

表 4-9　投资不足组稳健性检验

	Underinv （1）	*Underinv* （2）	*Underinv* （3）
After	0.081***	0.095***	0.095***
	（17.92）	（14.81）	（14.78）
Dumseo	−0.014*	−0.003	−0.016**
	（−1.82）	（−0.24）	（−2.09）
Divdum	−0.009**	0.006	0.006
	（−2.00）	（1.18）	（1.23）
After × Dumseo	0.041		0.045
	（0.91）		（0.98）
After × Divdum		0.023***	0.024***
		（3.30）	（3.38）
Bigfour	0.001	0.001	0.001
	（0.22）	（0.11）	（0.11）
Size	−0.017***	−0.017***	−0.017***
	（−8.08）	（−8.05）	（−8.05）
Lev	0.117	0.124	0.124
	（0.38）	（0.41）	（0.41）

续表

	Underinv （1）	*Underinv* （2）	*Underinv* （3）
ROA	0.222***	0.216***	0.216***
	（4.40）	（4.30）	（4.30）
TobinQ	−0.190	−0.196	−0.196
	（−0.61）	（−0.64）	（−0.64）
Cfo	−0.053*	−0.053*	−0.053*
	（−1.90）	（−1.90）	（−1.90）
Cycle	−0.078***	−0.075***	−0.075***
	（−4.22）	（−4.05）	（−4.05）
Soe	0.004	0.003	0.003
	（0.93）	（0.81）	（0.78）
Firshare	−0.012	−0.013	−0.012
	（−1.12）	（−1.21）	（−1.16）
CEO	−0.004	−0.004	−0.004
	（−0.77）	（−0.71）	（−0.72）
常数项	0.517***	0.505***	0.507***
	（11.92）	（11.61）	（11.60）
行业固定效应	是	是	是
年度固定效应	是	是	是
公司聚类	是	是	是
样本量	10394	10394	10394
Adj R²	0.146	0.147	0.147

注：括号内为 t 统计量，***、**、* 分别表示在 1%、5%、10% 的水平下显著。

第七节　进一步分析

本章已揭示出半强制股利政策的实施缓解了投资过度，加剧了投资不足；从融资动机角度考虑，半强制股利政策实施后有融资需求的公司会更加缓解投资过度，有融资需求的公司对投资不足没有反应；进一步深化到实际现金股利支付行为证实，半强制股利政策的实施会加大股利支付对投资过度的抑制作用，加大股利支付对投资不足的增进作用。在前述考察半强制股利政策与企业投资过度行为的基础上，本部分将研究放在公司治理情境和盈利水平情境下继续讨论。面对激烈的市场竞争，公司治理好坏和盈利能力强弱就是企业竞争力高低的体现。这种竞争力可以进一步传导到利润分配和投资方向中，接下来我们尽可能挖掘公司治理状况和盈利能力在半强制股利政策对投资过度作用中的调节效应。

一　公司治理状况角度：按机构投资者持股比例分组检验

公司治理是所有者对经营者的一种监督制衡机制，它可以通过合理的制度安排降低代理矛盾和代理风险问题。公司治理的好坏会直接影响企业的投资、筹资和分配决策。随着市场经济的发展和资本市场的不断完善，专门进行有价证券投资活动的法人机构越来越多。已有学者指出，这些机构投资者参与公司治理，能够提高目标公司的治理水平（Shleifer 和 Vishny，1986）。机构投资者短期逐利冲动较低，更重视企业长远发展，所以，机构投资者持有企业股份越多，参与被投资公司管理的权利越大，拥有越多的资金，收集和分析信息的能力越强，越会倾向于进行稳定、安全的投资，而专业的管理和规范的行为又能进一步提高信息透明度（牛建波等，2013），在发放股利和投资决策时更为科学；相反，如果机构投资者持有的企业股份较少，即便他们拥有更专业的知识和决策能力，也难以对公司董事会或管理层施加影响，那么企业在进行股利和投资决策时科学性或理性不足。基于以上逻辑分析，本章认为，对于公司治理好的企业而言，半强制股利政策实施后有融资需求的公司会更加缓解投资过度，半强制股利政策的实施会加大股利支付对投资过度的抑制作用；这两个效应在公司治理差的企业效果会大大弱化。我们用机构投资者持股比例代表公司治理的好坏，得到两个预期：一是机构投资者持股比例高、有融资需求的公司在半强制股利政策缓解投资过度方面的效果好于机构投资者持股比例低的企业；二是机构投资者持股比例高、支付现金股利的企业在半强制股利政策加剧投资过度抑制方面的效果好于机构投资者持股比例低的企业。表 4−10 是按照机构投资者持股比例大于或等于中位数和小于中位数将样本分组后得到的回归结果。

表 4-10　半强制股利政策、公司治理状况与投资过度

	公司治理好（机构投资者持股比例大于或等于中位数）			公司治理差（机构投资者持股比例小于中位数）		
	Overinv（1）	Overinv（2）	Overinv（3）	Overinv（4）	Overinv（5）	Overinv（6）
After	−0.008	−0.048***	0.004	−0.058***	−0.037***	−0.047***
	（−0.45）	（3.07）	（0.20）	（−3.76）	（−2.70）	（−2.66）
EF	−0.055***	−0.155***	−0.054***	−0.112***	−0.098***	−0.112***
	（−3.21）	（−6.47）	（−3.16）	（−3.81）	（−4.99）	（−3.81）
Divpay	−0.043**	−0.027	−0.012	−0.005	−0.030	−0.029
	（−2.33）	（−1.53）	（−0.70）	（−0.33）	（−1.59）	（−1.58）
After×EF	−0.149***		−0.151***	0.025		0.024
	（−3.79）		（−3.83）	（0.63）		（0.61）
After×Divpay		−0.036**	−0.051*		0.040	0.039
		（−1.96）	（−1.85）		（1.47）	（1.42）
Bigfour	−0.082***	−0.088***	−0.082***	0.015	0.016	0.016
	（−3.03）	（−3.20）	（−3.05）	（0.96）	（1.03）	（0.99）
Size	0.073***	0.075***	0.073***	0.030***	0.030***	0.030***
	（7.11）	（7.07）	（7.11）	（4.74）	（4.71）	（4.71）
Lev	1.153	1.257*	1.158	−5.127	−5.237	−5.115
	（1.62）	（1.85）	（1.63）	（−1.19）	（−1.19）	（−1.19）
ROA	−0.355*	−0.292	−0.372**	−0.285*	−0.286*	−0.284*
	（−1.94）	（−1.56）	（−2.01）	（−1.80）	（−1.79）	（−1.79）
tobinq	−1.450**	−1.559**	−1.453**	5.087	5.196	5.075
	（−2.00）	（−2.25）	（−2.00）	（1.18）	（1.18）	（1.18）
Cfo	0.054	0.041	0.055	0.025	0.024	0.025
	（0.79）	（0.60）	（0.81）	（0.42）	（0.41）	（0.43）
Cycle	−0.263***	−0.257***	−0.260***	−0.112**	−0.116**	−0.115**
	（−5.68）	（−5.70）	（−5.68）	（−2.14）	（−2.21）	（−2.17）

续表

	公司治理好（机构投资者持股比例大于或等于中位数）			公司治理差（机构投资者持股比例小于中位数）		
	Overinv（1）	Overinv（2）	Overinv（3）	Overinv（4）	Overinv（5）	Overinv（6）
Soe	−0.032**	−0.035**	−0.033**	−0.005	−0.004	−0.004
	（−2.33）	（−2.50）	（−2.40）	（−0.60）	（−0.51）	（−0.54）
Firshare	0.017	0.034	0.016	0.006	0.011	0.009
	（0.39）	（0.80）	（0.36）	（0.21）	（0.40）	（0.29）
CEO	−0.009	−0.008	−0.009	0.003	0.003	0.003
	（−0.51）	（−0.47）	（−0.50）	（0.24）	（0.24）	（0.24）
常数项	−1.230***	−1.295***	−1.237***	−0.417***	−0.398***	−0.404***
	（−6.29）	（−6.34）	（−6.30）	（−3.10）	（−3.01）	（−3.02）
行业固定效应	是	是	是	是	是	是
年度固定效应	否	否	是	否	否	是
公司聚类	是	是	是	是	是	是
样本量	3799	3799	3799	3535	3535	3535
Adj R²	0.138	0.128	0.139	0.133	0.133	0.133

注：括号内为 t 统计量，***、**、* 分别表示在 1%、5%、10% 的水平下显著。

可以看出，回归结果支持第一个预期。机构投资者持股比例大于或等于中位数组，第（1）列和第（3）列中表示政策实施的变量 *After* 与表示融资动机的变量 *EF* 交乘项的系数均在 1% 的水平下显著（β_3=−0.149，t=−3.79；β_3=−0.151，t=−3.83）；机构投资者持股比例小于中位数组，第（4）列和第（6）列中 *After* 与 *EF* 交乘项的系数并不显著，说明有融资需求的公司在半强制股利政策缓解投资过度方面，机构投资者会产生显著影响，在机构投资者持股比例高、公司治理好时，更能约束有融资需求的公司的投资过度。

回归结果同样支持第二个预期。机构投资者持股比例大于或等于中位数组，第（2）列和第（3）列中 *After* 与股利分配率 *Divpay* 交乘项的系数在 5% 和 10% 的水平下显著（β=−0.036，t=−1.96；β=−0.051，t=−1.85）；机构投资者持股比例小于中位数组，第（5）列和第（6）列中 *After* 与 *Divpay* 交乘项的系数均不显著（β_5=−0.040，t=−1.47；β_5=−0.039，t=−1.42）。可见，机构投资者持股比例高、支付现金股利的企业在半强制股利政策加剧投资过度抑制方面的效果好于机构投资者持股比例低的企业。这与我们之前的分析是一致的，企业面临投资过度问题时，机构投资者持股越多，其对管理层的影响、数据的分析和对企业的监督会提高公司治理水平，并积极传导到现金股利支付决定中，也会使企业在投资决策时更为理性；机构投资者持股比例低的企业则无法获得这样积极的效果。

二　盈利能力角度：按 *ROA* 中位数分组检验

盈利能力是企业赚取利润的能力。利润是所有者分配股利的重要来源，也是债权人收回本息的重要来源，代表了企业的资本增值和经营能力。它能够体现企业从筹资、投资、运营到分配的一系列管理的水平，而这一系列管理的最终目的仍然是提高盈利能力。盈利能力强的企业拥有更多内源资金，现金流量多，偿债能力强，投资所用的留存收益资金成本低、易获取，即便需要债务筹资或股权再融资，资金成本也会低于盈利能力弱的企业。这类企业有足够的资本给予股东回报，它们在面临投资过度问题时，由于其财务管理水平较高、决策能力较强，能够及时发现投资问题、调整投资方向，缓解其投资过度的潜在风险；相反，盈利能力弱的企业难以取得资金成本低的留存收益，半强制股利政策要求其将仅剩的利润先用于股利分配，使其资金来源捉襟见肘，另外，盈利能力弱本身也体现出企业决策能力弱，在面临投资过度时难以及时调整战略，理性不足。本章认为，对于盈利能力强的企业而言，半强制股利政策实施后有融资需求的公司会更加缓解投资过度，半强制股利政策的实施会加大股利支付对投资过度的抑制作用；这两个效应在盈利能力弱的企业效果会大大弱化。与按照公司治理状况分组类似，基于以上逻辑分析，这里我们也提出两个预期：一是盈利能力强、有融资需求的公司在半强制股利政策缓解投资过度方面的效果好于盈利能力弱的企业；二是盈利能力强、支付现金股利的企业在半强制股利政策加剧投资过度抑制方面的效果好于盈利能力弱的企业。衡量盈利能力最常用的指标是资产收益率 ROA。ROA 用来衡量每单位资产能够创造多少净利润，是评估企业盈利能力的重要指标。本章的 $ROA=$ 净利润 / 总资产，该指标越高，表明企业资产利用效果越好，企业在增加收入和降低成本的行动越有效，故本章按照资产收益率中位数将样本分组。表 4-11 是分组后得到的回归结果。

表 4-11　半强制股利政策、盈利能力与投资过度

	ROA 大于或等于中位数			ROA 小于中位数		
	Overinv（1）	Overinv（2）	Overinv（3）	Overinv（4）	Overinv（5）	Overinv（6）
After	0.009	0.067***	0.021	0.024	0.044***	0.023
	（0.45）	（4.13）	（0.85）	（1.55）	（3.33）	（1.42）
EF	−0.092***	−0.151***	−0.093***	−0.073***	−0.131***	−0.073***
	（−3.51）	（−6.28）	（−3.54）	（−3.40）	（−4.69）	（−3.40）
Divpay	−0.058***	−0.030	−0.039**	−0.014	−0.024	−0.018
	（−2.62）	（−1.60）	（−2.13）	（−0.89）	（−1.18）	（−0.88）
After × EF	−0.087**		−0.086**	−0.099**		−0.099**
	（−2.10）		（−2.04）	（−1.97）		（−1.97）
After × Divpay		−0.053**	−0.037*		0.012	0.006
		（−2.16）	（−1.88）		（0.42）	（0.20）
Bigfour	−0.000	−0.002	−0.000	−0.055**	−0.057**	−0.055**
	（−0.00）	（−0.12）	（−0.01）	（−2.32）	（−2.38）	（−2.31）
Size	0.046***	0.046***	0.046***	0.055***	0.055***	0.055***
	（6.20）	（6.22）	（6.20）	（5.96）	（5.91）	（5.95）
Lev	−9.315**	−9.783**	−9.347**	0.976*	1.066**	0.976*
	（−2.01）	（−2.11）	（−2.01）	（1.73）	（1.99）	（1.73）
ROA	−0.502**	−0.544**	−0.503**	−0.065	0.003	−0.064
	（−2.35）	（−2.53）	（−2.36）	（−0.35）	（0.02）	（−0.34）
TobinQ	9.138**	9.608**	9.171**	−1.219**	−1.315**	−1.219**
	（1.97）	（2.07）	（1.98）	（−2.10）	（−2.38）	（−2.10）
Cfo	0.049	0.055	0.051	0.053	0.047	0.052
	（0.85）	（0.93）	（0.88）	（0.70）	（0.63）	（0.70）

续表

	ROA 大于或等于中位数			ROA 小于中位数		
	Overinv（1）	Overinv（2）	Overinv（3）	Overinv（4）	Overinv（5）	Overinv（6）
Cycle	−0.204***	−0.193***	−0.201***	−0.193***	−0.193***	−0.193***
	（−3.07）	（−2.91）	（−3.03）	（−4.66）	（−4.69）	（−4.67）
Soe	−0.015	−0.016	−0.016	−0.031**	−0.032**	−0.031**
	（−1.37）	（−1.48）	（−1.43）	（−2.46）	（−2.50）	（−2.44）
Firshare	0.003	0.003	0.002	0.020	0.025	0.020
	（0.10）	（0.08）	（0.08）	（0.45）	（0.57）	（0.45）
CEO	−0.012	−0.011	−0.012	0.006	0.006	0.006
	（−0.88）	（−0.87）	（−0.88）	（0.31）	（0.30）	（0.31）
常数项	−0.702***	−0.754***	−0.714***	−0.875***	−0.888***	−0.874***
	（−4.89）	（−5.12）	（−4.90）	（−5.00）	（−4.95）	（−4.99）
行业固定效应	是	是	是	是	是	是
年度固定效应	否	否	是	否	否	是
公司聚类	是	是	是	是	是	是
样本量	3878	3878	3878	3456	3456	3456
Adj R²	0.142	0.138	0.142	0.118	0.113	0.118

注：括号内为 t 统计量，***、**、* 分别表示在 1%、5%、10% 的水平下显著。

表 4-11 的回归结果不支持第一个预期。ROA 大于或等于中位数组，第（1）列和第（3）列中表示政策实施的变量 After 与再融资动机变量 EF 交乘项均在 5% 的水平下显著（β_3=−0.087，t=−2.10；β_3=−0.086，t=−2.04）；ROA 小于中位数组，第（4）列和第（6）列中 After 与 EF 交乘项的系数也均在 5% 水平通过了显著性检验（β_3=−0.099，t=−1.97；β_3=−0.099，t=−1.97），

二者没有明显差异，说明有融资需求的公司在半强制股利政策缓解投资过度方面，盈利能力的强弱不会有影响。

回归结果支持第二个预期。ROA 大于或等于中位数组，第（2）列和第（3）列中 $After$ 与现金股利分配率 $Divpay$ 交乘项的系数在 5% 和 10% 的水平下显著（$\beta_5=-0.053$，$t=-2.16$；$\beta_5=-0.037$，$t=-1.88$）；ROA 小于中位数组，第（5）列和第（6）列中 $After$ 与 $Divpay$ 交乘项的系数均不显著（$\beta_5=-0.012$，$t=0.42$；$\beta_5=0.006$，$t=0.20$）。可见，盈利能力强、支付现金股利的企业在半强制股利政策加剧投资过度抑制方面的效果好于盈利能力弱的企业，这与之前的分析是一致的。企业面临投资过度问题时，盈利能力强本身体现了企业的财务管理水平，这种经营管理能力不但体现在企业的现金股利支付决策中，也使企业能够积极纠错、调整投资模式。

第八节　结论

基于半强制股利政策提供的实践场景，本章考察了半强制股利政策对企业投资行为的影响。研究发现，半强制股利政策的实施扩大了股利政策对企业投资行为的影响，它能缓解企业投资过度，加剧企业投资不足，减少企业可自由支配的现金流，在提高企业资金成本和资金获取难度的同时，使企业的投资决策更为主动保守或被动收缩。接下来考虑企业的融资计划后发现，半强制股利政策对企业形成强约束，融资门槛提高，政策实施使有再融资需求的公司更加缓解投资过度；但不能影响有再融资需求公司的投资不足行为。接下来再考虑企业实际的股利支付情形后发现，半强制股利政策增强了股利支付和投资过度的敏感性关系，迫使企业在股利支付和投资过度之间达到新的平衡，即半强制股利政策的实施会加大股利支付对投资过度的抑制作用；对投资不足的企业而言，支付的股利越高，企业的资金成本越高，投资机会越少，半强制股利政策会加剧投资不足，即半强制股利政策的实施会加大股利支付对投资不足的增进作用，半强制股利政策能够有效抑制投资过度，但同样，该政策增强了资金高需求企业的融资约束，导致企业在面临较好的潜在投资机会时，出现投资资金进一步不足和资金配置效率低下的负面结果。进一步将研究放入公司治理状况和盈利能力的情境中发现，机构投资者持股比例高、有融资需求的公司在半强制股利政策缓解投资过度方面的效果好于机构投资者持股比例低的企业；盈利能力强、有融资需求的公司在半强制股利政策缓解投资过度方面的效果也未好于盈利能力弱的企业；机构投资者持股比例高、支付现金股利的企业在半强制股利政策加剧投资过度抑制方面的效果好于机构投资者持股比例低的企业；盈利能力强、支付现金股利的企业在半强制股利政策加剧投资过度抑制方面的效果好于盈利能力弱的企业。

　　半强制股利政策是在我国资本市场机制不完善、内部控制相对薄弱的背景下产生的，对调节我国资本市场失灵具有一定作用，但其作为保护投资者利益的过渡性政策，还存在不足。从企业长远发展和企业价值角度来看，监管层应随着我国资本市场的完善和法律法规的健全动态调整分红政策，综合考虑不同上市公司的实际情况，兼顾企业的成长性和行业特征，以差异化股利分配决策代替单一分红考核指标，适当调整企业股利分配自理机制，保证现金股利分派的合理性和稳定性，引导企业更好地进行投融资，也更好地回报市场。

第五章

半强制股利政策与公司盈余管理行为

第一节　引言

自 Miller 和 Modigliani（1961）提出经典的股利无关论（MM 理论）以来，股利政策就受到了学界和实务界的广泛关注。但 MM 理论是基于完美资本市场假设提出的，在现实的资本市场中，由于信息不对称和代理冲突的客观存在，公司股利决策更多地遵从代理理论和信号理论。传统的公司治理理论也提到股利的发放可以作为一种向投资者传递公司未来发展前景的信号（Bhattacharya，1979），股利分红也一直是吸引投资者的重要方式之一。

但是，在资本市场发达的英美以及欧盟各国等均出现了现金股利支付率不断下降甚至停止发放股利的现象（Fama

和 French，2001；Von Eije 和 Megginson，2007；Denis 和 Osobov，2008）。面对股利消失的现象，发达资本市场更加强调公司治理、市场约束以及投资者法律保护这三大机制，在此基础上依赖市场的自我调节，而没有对上市公司股利政策进行过多的干预。但对于发展中国家而言，由于缺乏完善的市场机制，上述现象更为严重。为了规范上市公司的分红机制，保护投资者的利益，为数不少的发展中国家采用了强制性分红政策，即对上市公司的分红水平进行了硬性规定。

而在我国，由于资本市场发展比较晚，加上缺乏完善的市场机制，上市公司的股利支付自股票市场建立以来一直就处于较低的水平。为了保护投资者分红的权利以及为上市公司树立正确的分红理念，我国的证监会将分红监管与再融资资格"挂钩"。但由于该政策对上市公司虽存在一定程度上的制约却不具有强制性，因此学者们把这种政策称为半强制分红政策（李常青等，2010）。该政策的具体实施经历了从定性要求即有公开融资需求的上市主体不分红就需要做出解释，到定量要求即有再融资需求的公司不仅需要分红而且数量也要达到法定的最低标准。

这种独特的股利约束政策自实施以来就成为学者们讨论的热点。但就该政策是否合理有效，学者们持不同的态度。一方面，有学者认为该政策推动了再融资公司的分红，保护了投资者的利益，也增加了国内股票市场的吸引力（安青松，2012；陈云玲，2014；魏志华等，2014）。另一方面，有不少有学者指出，半强制分红政策对投资者保护其实是有限的,而且由于政策干预了企业的融资决策,很可能会使那些准备再融资的企业为了达到要求,而进行一定程度的现金流操控(李常青等,2010;王志强、张玮婷,2012)。

现有的研究主要集中在半强制股利政策的实施对资本市场(李常青等,2010;李茂良等,2014)和分红水平(李慧,2013;陈云玲,2014)的影响上,少有研究关注其与盈余管理的关系。因此,研究半强制股利政策对再融资企业分红和盈余管理行为的影响是更有意义的。本章以2008年颁布的半强制股利政策为分界点,研究半强制股利政策引发的盈余管理问题,以此来更深入地研究半强制股利政策的效应,这对提升半强制股利政策监管效率具有较强的实践意义。

我们采用中国沪深A股上市公司为样本,研究了半强制股利政策与公司盈余管理行为之间的关系。研究发现,半强制股利政策实施后,具有融资动机的公司会提高操控性应计的水平来达到盈利,进而实现分红和再融资的目的。另外,研究还发现,半强制股利政策实施后,具有融资动机的公司,其股利支付的波动性更大,说明公司为了获得再融资机会,操控现金分红达到再融资的情况增加,导致现金股利支付的波动性增大。进一步的研究表明,政策实施后,业绩差的公司比业绩好的公司更倾向于进行盈余管理;同时现金持有水平高的公司比持有水平低的公司更倾向于进行盈余管理,但是现金持有水平低的公司更可能发生股利支付的巨大波动，原因可能在于虽然可以通过盈余管理做高业绩，但是分配现金股利需要"真金白银"来支撑，所以具有较多现金流的具有再融资动机的公司更倾向于操控盈余，而现金流少又具有融资动机的公司更倾向于操控股利分红。

本章的贡献可能有以下几点。第一，考察了中国特有的半强制股利政策对公司盈余管理行为的影响，丰富了盈余管理和监管制度关系的学术文献。Daniel等（2008）利用美国的数据发现，预期的股利水平也是盈余管理的阈值，公司会进行盈余管理以避免股利的下降。我们运用中国特有的股利分红与再融资结合的政策契机，也发现公司会为了达到再融资所要求的股利分红水平而进行盈余管理。第二，使用双重差分（DID）的方法来研究政策与盈余管理的关系，这样能很好地反映外生变量（如政策）变化的"净影响"，方法更加严谨。第三，发现不同特征的公司在政策实施后操控盈余和现金股利并不完全相同，该发现有助于监管层针对不同情况采用不同的监管策略。

以下的部分安排如下：第二节是文献综述与假设提出；第三节是研究设计；第四节是样本选择与描述性统计；第五节是实证结果分析；第六节是稳健性检验；第七节是进一步分析；第八节是结论。

第二节　文献综述与假设提出

一　半强制股利政策

与我国半强制股利政策相对应的是国外的强制性股利政策。强制性股利政策可以被认为是对投资者的一种法律保护手段，一般出现在少数对投资者法律保护不够完善的国家，比如巴西、比利时、土耳其等（肖星、陈晓，2002）。这些国家对上市公司股利派发做出强制性规定，如巴西的上市公司按规定需以现金的方式，支付给股东当期利润的50%。 智利的强制性股利配比为30%（La Porta 等，1998）。不过这种强制性股利政策确实能增加所在国资本市场的现金分红。Martins 和 Novaes（2012）通过对比美国和巴西上市公司分红情况，发现美国上市公司的平均股息率要低于巴西，这是由巴西的强制性股利政策所导致的。但这种强制性的政策也导致了巴西上市公司采取盈余管理的手段来逃避现金分红。而 Adaolu（2008）研究发现，自2003年土耳其恢复强制性政策以来，股利支付率并没有提高。

出于对投资者的保护和对资本市场分红的规范，中国出台了类似的半强制股利政策。对于该政策的合理性，一直是学者们争论的焦点。在我国，由于缺乏健全的公司治理和市场约束机制，半强制分红确实对保护投资者的利益和提升人们对资本市场的信心起到了一定的作用。但对于"一刀切"的强制性政策，学者们认为会给一些有融资需求的成长性企业带了一些负面影响，加上分红政策只限定现金股利的形式，最后可能会导致"监管悖论"（李常青等，2010；魏志华等，2014）。总的来说，无论是国内还是国外对于强制或半强制股利政策的效果都存在争议，也缺乏深入研究（李常青等，2010）。但由于半强制股利政策对我国资本市场的影响深远，了解其实施效果以及对公司盈余管理行为的影响从而推动政策的完善，显得尤为必要。

二　半强制股利政策和盈余管理

盈余管理长期以来就是财务界关注的话题。国内外的相关研究主要围绕以下几大盈余管理动机进行。一是契约动机，上市公司高管的薪酬和业绩挂钩，这会诱导高管通过对业绩进行粉饰来获得超额报酬（Fudenberg 和 Tirole，1995；Watts 和 Zimmerman，1990）。二是监管动机，指公司财报上的数字会和一些行业的监管直接挂钩（Healy 和 Wahlen，1999）。三是资本市场动机，也盈余管理动机的"主力"之一。Teoh 等（1998）、DuCharme 等（2004）、Jo 和 Kim（2007）以及顾鸣润和田存志（2012）都证实了公司为了首次公开募股（IPO）和股权再融资（SEO）都会进行盈余管理。由于我国的资本市场还不够成熟，一些监管政策的出台更可能导致上市公司进行盈余管理。比如蔡春等（2012）认为，由于我国企业上市采取审批核准制，一些未达标可能需要退市的企业在退市前就会有很强烈的盈余管理动机。而我国出台的半强制股利政策，使得监管部门长期存在对股权再融资的监管。为了应对这种监管，上市公司有很强烈的动机为达到监管门槛而进行盈余管理。因此该政策与盈余管理之间的关系也受到国内学者的关注。

对于再融资的企业来说，半强制股利政策要求他们最近三年的现金分红数量不少于最近三年实现的年均可分配利润的 30%，也就是说它们获得再融资资格需要满足业绩和分红两大门槛。

对于业绩门槛而言，真实业绩超过门槛的企业和真实业绩接近门槛的企业能够获得再融资资格。有研究表明，上市公司有着强烈的盈余管理动机来保住配股或公开增发资格（Chen 和 Yuan，2004；顾振伟、欧阳令南，2008）。这说明业绩接近门槛的企业为了达到再融资的标准，有着正向盈余管理的动机。而对于业绩超过门槛的企业来说，为了区别于业绩刚达标的企业以及向市场传达企业业绩好的信号也会进行正向盈余管理，直到业绩达到刚达标企业无法效仿的程度（Fan，2007）。Daniel 等（2008）利用美国的数据发现，预期的股利规模也是盈余管理的阈值，公司为了使股利下降也会进行盈余管理。

而关于分红门槛，虽然其在一定程度上改善了资本市场的现金分红状况，比如需要再融资的企业的现金股利和没有融资需求的企业的股利增加（陈云玲，2014；魏志华等，2014）。但不少学者还是对分红政策持质疑态度，一方面对于那些高成长性企业来说，会因现金分红而放弃一些好的投资项目，进而损害了股东的利益。另一方面，该政策并没有增强那些盈利能力强的企业的内在派现意愿。

将分红门槛和再融资资质相结合，在一定程度上会诱发上市公司为达到基本要求进而行盈余操纵。现有研究发现，以现金分红形式产生的融资门槛会使企业的再融资成本增加，也就是说一些盈利比较好的企业通过正向盈余管理向市场传递业绩良好的信号成本也会增大，企业在增加利润的同时也相应地增加分红。因此，有再融资需求的企业可能会从正向盈余管理转向负向盈余管理。

半强制股利政策实施后，由于信号传递成本升高，具有再融资动机的公司会为了获得再融资机会，有可能采用降低操控性应计进而降低利润，从而降低再融资监管比例的分母来实现目标。因此，面对再融资监管的加剧，公司到底是会更加注重对利润的管理，从而向资本市场投资者和监管者传递业绩良好的信号，以达到再融资监管要求的分红条件；还是会采取降低操控性应计进而降低计算分红比例的分母来达到监管要求？这是一个实证问题。

综合以上分析，提出本章的两个备择假设。

假设 1a：半强制股利政策实施后，具有再融资动机的公司会提高操控性应计。

假设 1b：半强制股利政策实施后，具有再融资动机的公司会降低操控性应计。

半强制股利政策的颁布是为了保护投资者的权益，改善我国资本市场的分红状况，尤其是针对那些不分红的公司。但有研究表明，上市公司为了获得再融资的机会，可能会进行现金盈余操纵（曾颖、陆正飞，2006）。有的公司还会通过突击分红的方式来迎合政策，导致股利的波动性增加，存在股利支付的机会主义行为（余琰、王春飞，2014）。由于政策规定的是最近三年现金分红的总比例，所以公司有可能为了达标而增加对各年之间分红的操纵，从而使现金股利分配的波动性增加。基于此，提出本章的假设 2。

假设 2：半强制股利政策实施后，具有再融资动机的公司增加股利支付的波动性。

第三节　研究设计

一　盈余管理的测算

参考之前的研究文献，本章采用 Dechow 等（1995）提出的修正琼斯模型对应计盈余管理进行测算。该模型是在原有的琼斯模型基础上，将营业收入增加额中应收账款的增加额扣除。其计算方法如下：

$$TA_{i,t} = NI_{i,t} - CFO_{i,t}$$

$$\frac{TA_{i,t}}{A_{i,t-1}} = \beta_1 \frac{1}{A_{i,t-1}} + \beta_2 \left(\frac{\Delta Rev_{i,t}}{A_{i,t-1}} - \frac{\Delta Rec_{i,t}}{A_{i,t-1}} \right) + \beta_3 \frac{PPE_{i,t}}{A_{i,t-1}} + \varepsilon_{i,t}$$

$$\frac{NDA_{i,t}}{A_{i,t-1}} = \beta_1 \frac{1}{A_{i,t-1}} + \beta_2 \left(\frac{\Delta Rev_{i,t}}{A_{i,t-1}} - \frac{\Delta Rec_{i,t}}{A_{i,t-1}} \right) + \beta_3 \frac{PPE_{i,t}}{A_{i,t-1}}$$

$$DTAC_{i,t} = TA_{i,t} - NDA_{i,t}$$

其中，$TA_{i,t}$ 表示公司 i 在第 t 年的总应计利润，NI 为净利润，CFO 为经营活动产生的现金净流量；A 是资产，ΔRev 是营业收入的增加额，ΔRec 是应收账款的增加额，PPE 是固定资产，NDA 是非操控性应计盈余，$DTAC$ 表示盈余管理。

二　实证模型

采用 DID 的方法研究半强制股利政策实施对公司盈余管理行为的影响。对政策动态实施效果的计量是非常困难的，而Ashenfelter 和 Card（1985）在研究收入结构时，开创性地提出了双重差分（DID）估计法。学者认为该模型能很好地控制控制组与处理组的系统性差别（Wooldridge，2007）。这样能够较好地反映外生变量（如本章需要研究的政策）变化的"净影响"。
我们首先构建模型（5−1）。

$$
\begin{aligned}
DTAC = {}& \beta_0 + \beta_1 After + \beta_2 EF + \beta_3 After \times EF + \beta_4 Bigfour \\
& + \beta_5 Size + \beta_6 Lev + \beta_7 ROA + \beta_8 TobinQ + \beta_9 Cfo \\
& + \beta_{10} Cycle + \beta_{11} Soe + \beta_{12} Firshare \\
& + \beta_{13} CEO + FixedEffects + \varepsilon
\end{aligned}
\qquad （5-1）
$$

其中，*After* 表示政策实施的虚拟变量，在 2008 年（含）半
强制股利政策实施后，则 *After*=1，否则 *After*=0；*EF* 表示再融
资动机，用近两年总资产复合增长率减去近两年负债复合增长率
与留存收益增长率之和；交乘项 *After* × *EF* 的回归系数表示政策
实施后，有再融资动机的公司的盈余管理的方向，如果为正则表
示有再融资动机的公司会进行正向盈余管理而达到融资资格，进
而向市场传递利好的盈余信号，反之则反。

控制变量包括：*Bigfour* 表示是否国际四大审计；*Size* 表示
公司规模；*Lev* 表示资产负债率；*ROA* 表示资产收益率；*TobinQ*
表示托宾 *Q* 值；*Cfo* 表示现金持有水平；*Cycle* 表示生命周期；
Soe 表示最终控制权性质；*Firshare* 表示第一大股东持股比例；
CEO 表示总经理和董事长是否两职合一。*FixedEffects* 表示固定
效应。

$$
\begin{aligned}
Divar5 = {} & \beta_0 + \beta_1 After + \beta_2 EF + \beta_3 After \times EF + \beta_4 Bigfour \\
& + \beta_5 Size + \beta_6 Lev + \beta_7 ROA + \beta_8 Tobin\ Q \\
& + \beta_9 Cfo + \beta_{10} Cycle + \beta_{11} Soe + \beta_{12} Firshare \\
& + \beta_{13} CEO + FixedEffects + \varepsilon
\end{aligned}
\tag{5-2}
$$

其中，$Divar5$ 表示最近 5 年分配现金股利的方差；交乘项 $After \times EF$ 的回归系数表示政策实施后，有再融资动机公司最近 5 年分配现金股利的波动情况，如果为正则表示有再融资动机的公司会有可能为了达标而增加对各年之间分红的操纵，从而增加现金股利分配的波动性。控制变量与模型（5-1）基本一致。变量具体定义见表 5-1。

表 5-1　变量定义

变量类型	变量符号	变量含义和计算方法
被解释变量	DTAC	表示盈余管理，采用 Dechow 等（1995）的方法计算的操控性应计
	DTAC_ROA	表示盈余管理，采用 Kothari 等（2005）的方法计算的操控性应计
解释变量	Divar5	表示最近 5 年分配现金股利的方差
	Dviar3	表示最近 3 年分配现金红股的方差
	After	表示政策实施的虚拟变量，在 2008 年（含）半强制股利政策实施后，则 After=1，否则 After=0
	EF	表示再融资动机，近两年总资产复合增长率 –（近两年负债复合增长率 + 留存收益增长率）（Durnev 和 Kim，2005）
	Dumseo	表示再融资动机，用当年是否公布了再融资预案来表示（魏志华等，2014），如果公布，则 Dumseo=1，否则 Dumseo=0

续表

变量类型	变量符号	变量含义和计算方法
控制变量	*Bigfour*	表示是否国际四大审计，如果是，则 *Bigfour*=1，否则 *Bigfour*=0
	Size	表示公司规模，期末总资产取自然对数
	Lev	表示资产负债率，期末总负债 / 总资产
	ROA	表示资产收益率，当期净利润 / 总资产
	TobinQ	表示托宾 Q 值，（股权市值 + 债务净值）/ 期末总资产
	Cfo	表示现金持有水平，用经营活动现金流量 / 期末总资产
	Cycle	表示生命周期，留存收益 / 期末总资产（Denis 和 Osobov，2008）
	Soe	表示最终控制权性质，如果为国有，则 *Soe*=1，否则 *Soe*=0
	Firshare	表示第一大股东持股比例
	CEO	表示总经理和董事长是否两职合一，如果是，则 *CEO*=1，否则 *CEO*=0

第四节　样本选择与描述性统计

一　样本选择

由于证监会在 2006 年颁布实施了半强制分红政策，之后在 2008 年对分红比例进行调整，由原来的 20% 提高到了 30%，并且要求现金分红，因此，为了对比政策前后盈余管理的变化情况，本章以 2001~2015 年中国沪深 A 股上市公司中的再融资上市公司为研究对象，并以 2008 年为节点，研究政策对公司盈余管理行为的影响。

　　样本筛选的具体过程为：数据库中 2001~2015 年沪深 A 股上市公司的样本为 44582 个，在此基础上，（1）剔除金融行业上市公司，因为金融、保险行业具有其行业特殊性，与普通工商企业的财务报表差距过大，剔除样本 1184 个；（2）剔除缺乏盈余管理计算数据的样本 20341 个；（3）剔除 ST、PT 类公司和其他控制变量存在缺失的样本 5092 个，最终得到 17965 个样本 ［见表 5-2（1）］。本章所有的财务数据来自 CSMAR 数据库，所有的股利分配数据来自 Wind 数据库。本章也对所有连续变量进行了上下 1% 的 Winsorize 处理。

　　表 5-2（2）呈现了样本的行业分布。行业分类的主要依据是证监会发布的《上市公司行业分类指引（2012 年修订）》。制造业的样本量最多，有 8802 个，占总样本量的 49.00%，这与上市公司总体中制造业公司所占比例相符。其次是信息传输、软件和信息技术服务业，有 2076 个，占总样本量的 11.56%。再次是批发和零售业，有 1487 个，占总样本量的 8.28%。总的来看，样本基本不具备某一行业或某一年度集中的特征。

　　表 5-2（3）是样本的年度分布状况。样本量逐年增加，由 2001 年的 674 个增加到 2015 年的 1674 个。这与我国资本市场的稳步发展，上市公司数目稳步增加相符合。

表 5-2　样本选择

单位：个，%

（1）样本选择	
CSMAR 数据库中 2001～2015 年样本量	44582
减：金融行业的样本量	（1184）
减：缺乏盈余管理计算数据的样本量	（20341）
减：ST、PT 类和其他控制变量存在缺失的样本量	（5092）
最终研究样本量	17965

（2）样本的行业分布	样本量	占比
农、林、牧、渔业	258	1.44
采矿业	587	3.27
制造业	8802	49.00
电力、热力、燃气及水生产和供应业	979	5.45
建筑业	492	2.74
交通运输、仓储和邮政业	738	4.11
信息传输、软件和信息技术服务业	2076	11.56
批发和零售业	1487	8.28
房地产业	1337	7.44
居民服务、修理和其他服务业	748	4.16
文化、体育和娱乐业	207	1.15
综合	254	1.41
合计	17965	100

（3）样本的年度分布	样本量	占比
2001	674	3.75

续表

（3）样本的年度分布

	样本量	占比
2002	751	4.18
2003	800	4.45
2004	867	4.83
2005	899	5.00
2006	973	5.42
2007	1002	5.58
2008	1064	5.92
2009	1178	6.56
2010	1227	6.83
2011	1345	7.49
2012	1620	9.02
2013	1810	10.08
2014	1881	10.47
2015	1874	10.43
合计	17965	100

注：括号内的数字为减数。

二　描述性统计

表 5-3 列示了各主要变量的描述性统计结果。据表 5-3 可知，样本经过缩尾处理后，变量异常值得到了有效控制，其对回归结果的影响降到了最低。$DTAC$ 的最大值是 0.444，最小值

是 −0.383，说明上市公司会进行盈余管理，且存在正向和负向两种盈余管理方式。*Divar*5 的均值为 0.108，最小值为 0.000，最大值为 4.124，说明上市公司最近 5 年分配现金股利出现较大波动。另外，*After* 的均值为 0.668，表明政策实施后的栏本占总样本的 66.8%。其他变量的描述性统计也基本和以前的研究相符。

表 5-3　描述性统计

变量	均值	中位数	标准差	最小值	四分位数	第三四分位数	最大值	样本量
DTAC	0.011	0.008	0.086	−0.383	−0.034	0.051	0.444	17965
*Divar*5	0.108	0.026	0.320	0.000	0.006	0.081	4.124	17965
After	0.668	1.000	0.471	0.000	0.000	1.000	1.000	17965
EF	−0.290	−0.207	0.501	−4.271	−0.425	−0.041	0.991	17965
Bigfour	0.069	0.000	0.254	0.000	0.000	0.000	1.000	17965
Size	21.876	21.721	1.236	18.266	21.013	22.561	27.294	17965
Lev	0.478	0.485	0.199	0.038	0.335	0.622	3.805	17965
ROA	0.036	0.031	0.053	−0.703	0.012	0.057	0.355	17965
TobinQ	0.480	0.487	0.198	0.046	0.338	0.623	3.808	17965
Cfo	0.049	0.048	0.076	−0.323	0.008	0.092	0.387	17965
Cycle	0.119	0.128	0.218	−4.837	0.070	0.203	0.562	17965
Soe	0.604	1.000	0.489	0.000	0.000	1.000	1.000	17965
Firshare	0.377	0.360	0.160	0.082	0.249	0.499	0.813	17965
CEO	0.147	0.000	0.354	0.000	0.000	0.000	1.000	17965

表 5-4 是对主要变量进行相关性检验的结果。结果表明，有着显著相关性的变量之间的系数基本上小于 0.5，说明各变量之间不存在严重的多重共线性，可以进行下一步模型检验分析。

表 5－4 变量之间相关系数

	DTAC	Divar5	After	EF	Bigfour	Size	Lev	ROA	TobinQ	Cfo	Cycle	Soe	Firshare	CEO
DTAC	1.000	-0.005	0.010	-0.143	-0.025	0.026	-0.106	0.223	-0.106	-0.616	0.145	-0.045	0.024	0.021
		0.535	0.193	<.0001	0.001	0.000	<.0001	<.0001	<.0001	<.0001	<.0001	<.0001	0.001	0.005
Divar5	-0.032	1.000	-0.158	-0.029	-0.040	-0.046	-0.128	0.037	-0.129	0.080	0.074	0.029	0.138	-0.025
	<.0001		<.0001	<.0001	<.0001	<.0001	<.0001	<.0001	<.0001	<.0001	<.0001	<.0001	<.0001	0.001
After	0.011	0.008	1.000	0.070	-0.013	0.283	0.006	0.028	0.007	-0.061	0.215	-0.220	-0.132	0.158
	0.124	0.269		<.0001	0.079	<.0001	0.427	0.000	0.370	<.0001	<.0001	<.0001	<.0001	<.0001
EF	-0.089	0.046	0.046	1.000	-0.020	-0.100	-0.069	-0.389	-0.069	-0.061	-0.155	0.021	-0.104	-0.012
	<.0001	<.0001	<.0001		0.007	<.0001	<.0001	<.0001	<.0001	<.0001	<.0001	0.006	<.0001	0.105
Bigfour	-0.021	-0.035	-0.013	0.000	1.000	0.267	0.032	0.085	0.031	0.085	0.091	0.114	0.124	-0.051
	0.006	<.0001	0.079	0.952		<.0001	<.0001	<.0001	<.0001	<.0001	<.0001	<.0001	<.0001	<.0001
Size	0.027	-0.021	0.277	-0.054	0.343	1.000	0.373	0.076	0.371	0.035	0.107	0.167	0.171	-0.053
	0.000	0.005	<.0001	<.0001	<.0001		<.0001	<.0001	<.0001	<.0001	<.0001	<.0001	<.0001	<.0001
Lev	-0.091	-0.038	0.000	-0.079	0.030	0.345	1.000	-0.371	-0.371	-0.168	-0.529	0.149	0.000	-0.087
	<.0001	<.0001	0.965	<.0001	<.0001	<.0001		<.0001	<.0001	<.0001	<.0001	<.0001	1.000	<.0001
ROA	0.262	-0.055	0.049	-0.158	0.069	0.105	-0.355	1.000	-0.371	0.388	0.611	-0.078	0.109	0.035
	<.0001	<.0001	<.0001	<.0001	<.0001	<.0001	<.0001		<.0001	<.0001	<.0001	<.0001	<.0001	<.0001

续表

	DTAC	Divar5	After	EF	Bigfour	Size	Lev	ROA	TobinQ	Cfo	Cycle	Soe	Firshare	CEO
TobinQ	-0.090 / <.0001	-0.038 / <.0001	0.001 / 0.852	-0.079 / <.0001	0.029 / <.0001	0.343 / <.0001	1.000 / <.0001	-0.355 / <.0001	1.000	-0.168 / <.0001	-0.530 / <.0001	0.147 / <.0001	-0.001 / 0.902	-0.087 / <.0001
Cfo	-0.666 / <.0001	-0.008 / 0.267	-0.055 / <.0001	-0.019 / 0.013	0.076 / <.0001	0.031 / <.0001	-0.170 / <.0001	0.352 / <.0001	-0.170 / <.0001	1.000	0.276 / <.0001	0.042 / <.0001	0.088 / <.0001	-0.017 / 0.020
Cycle	0.127 / <.0001	0.014 / 0.059	0.087 / <.0001	-0.061 / <.0001	0.070 / <.0001	0.212 / <.0001	-0.420 / <.0001	0.474 / <.0001	-0.424 / <.0001	0.207 / <.0001	1.000	-0.118 / <.0001	0.058 / <.0001	0.073 / <.0001
Soe	-0.050 / <.0001	-0.015 / 0.049	-0.220 / <.0001	0.017 / 0.021	0.114 / <.0001	0.186 / <.0001	0.146 / <.0001	-0.063 / <.0001	0.145 / <.0001	0.044 / <.0001	-0.016 / 0.033	1.000	0.270 / <.0001	-0.233 / <.0001
Firshare	0.015 / 0.043	0.024 / 0.001	-0.138 / <.0001	-0.088 / <.0001	0.126 / <.0001	0.202 / <.0001	-0.008 / 0.280	0.107 / <.0001	-0.009 / 0.216	0.085 / <.0001	0.109 / <.0001	0.268 / <.0001	1.000	-0.088 / <.0001
CEO	0.022 / 0.004	-0.008 / 0.266	0.158 / <.0001	-0.010 / 0.167	-0.051 / <.0001	-0.058 / <.0001	-0.087 / <.0001	0.031 / <.0001	-0.086 / <.0001	-0.019 / 0.013	0.016 / 0.031	-0.233 / <.0001	-0.092 / <.0001	1.000

注：Pearson 相关系数在左下，Spearman 相关系数在右上；同一格内下方的数字表示显著性水平。

第五节　实证结果分析

一　半强制股利政策与操控性应计

我们的问题是半强制股利政策实施后，再融资企业是否会进行盈余管理。表 5-5 报告了模型（5-1）的回归结果。第（1）~（3）列从没有控制行业和年度固定效应，到全部控制行业和年度固定效应。$After \times EF$ 在第（3）列中的系数为 0.004，在 10% 的水平下显著；在第（2）列中系数为 0.005，在 5% 的水平下显著；在没有控制行业和年度固定效应的第（1）列中不显著。这说明半强制股利政策的实施促进了具有融资动机的公司进行操控性应计的盈余管理，符号为正表明公司更会进行正向盈余操作，这是因为他们需要达到政策所设置的再融资门槛以及向市场传达盈利信号。这证实了假设 1a，有再融资动机的上市公司更倾向于为向市场传递业绩良好的信号而进行向上的盈余管理，而不会为了达到分红门槛而选择向下的盈余管理。

表 5-5　半强制股利政策与可操控性应计

	DTAC（1）	DTAC（2）	DTAC（3）
After	0.001	−0.011***	−0.011***
	（0.25）	（−9.67）	（−9.44）

续表

	DTAC (1)	DTAC (2)	DTAC (3)
EF	−0.011***	−0.007***	−0.006***
	(−3.24)	(−3.08)	(−2.95)
After×EF	−0.006	0.005**	0.004*
	(−1.39)	(2.00)	(1.94)
Bigfour		−0.001	0.000
		(−0.37)	(0.09)
Size		0.001**	0.001
		(2.44)	(1.38)
Lev		−0.041	−0.079
		(−0.19)	(−0.34)
ROA		0.866***	0.874***
		(42.65)	(42.37)
TobinQ		0.021	0.062
		(0.10)	(0.27)
Cfo		−0.980***	−1.000***
		(−102.75)	(−103.32)
Cycle		0.013***	0.015***
		(2.77)	(3.09)
Soe		0.002	−0.001
		(1.45)	(−0.77)
Firshare		0.006**	0.004
		(1.99)	(1.44)
CEO		−0.000	0.000
		(−0.28)	(0.33)
常数项	0.006***	0.006	0.017
	(4.18)	(0.48)	(1.37)

续表

	DTAC（1）	DTAC（2）	DTAC（3）
行业固定效应	否	否	是
年度固定效应	否	否	是
公司聚类	是	是	是
样本量	17965	17965	17965
Adj R²	0.008	0.734	0.743

注：括号内为 t 统计量，***、**、* 分别表示在 1%、5%、10% 的水平下显著。

二　半强制股利政策与股利分配波动

对于现金股利分配，我们想研究政策对股利分配波动性的影响。表 5-6 报告了模型（5-2）的回归结果。第（1）列的结果显示，交乘项 $After \times EF$ 的回归系数为 0.022，在 10% 的水平下显著；在第（2）~（3）列逐步控制各项变量后，$After \times EF$ 的回归系数分别为 0.023 和 0.021，并在 5% 的水平下显著。这说明具有再融资动机的公司在政策颁布后，现金股利波动性较大，很有可能是为了达到监管的分红要求而进行各年之间现金分红的操纵，进而使现金股利分配的波动性增加。这也证实了假设 2，企业上市公司会为了达到分红门槛而进行突击分红进而增加了现金股利支付的波动性。

表 5-6 半强制股利政策与股利分配波动

	Divar5 （1）	Divar5 （2）	Divar5 （3）
After	0.011	0.014	0.013
	（1.23）	（1.53）	（1.38）
EF	0.015**	0.007	0.008
	（2.55）	（1.12）	（1.30）
After×EF	0.022*	0.023**	0.021**
	（1.89）	（2.07）	（1.97）
Bigfour		−0.045***	−0.044***
		（−3.09）	（−3.05）
Size		0.001	0.000
		（0.27）	（0.01）
Lev		0.319	0.165
		（0.70）	（0.37）
ROA		−0.529***	−0.516***
		（−7.22）	（−7.09）
TobinQ		−0.402	−0.244
		（−0.88）	（−0.54）
Cfo		0.036	0.023
		（1.08）	（0.72）
Cycle		0.044**	0.047***
		（2.46）	（2.72）
Soe		−0.015	−0.013
		（−1.58）	（−1.32）
Firshare		0.084***	0.079***
		（3.30）	（2.99）
CEO		−0.013	−0.012
		（−1.20）	（−1.12）

续表

	Divar5 （1）	Divar5 （2）	Divar5 （3）
常数项	0.109*** （21.47）	0.115 （1.40）	0.085 （1.02）
行业固定效应	否	否	是
年度固定效应	否	否	是
公司聚类	是	是	是
样本量	17965	17965	17965
Adj R²	0.0023	0.012	0.017

注：括号内为 t 统计量，***、**、* 分别表示在 1%、5%、10% 的水平下显著。

第六节　稳健性检验

一　更换因变量的计量方式

因为股利问题与公司业绩密切相关，为了进一步验证结果的准确性，我们更换了盈余管理的计量方式，将原来采用 Dechow 等（1995）的方法计算的操控性应计 $DTAC$ 换成 Kothari 等（2005）提出的业绩匹配方法计算的操控性应计（$DTAC\_ROA$）来重新计算盈余管理的程度。同时我们再将公司最近 5 年分配现金股利的方差 $Divar5$ 更换成最近 3 年分配现金股利的方差 $Divar3$ 来测算政策对现金股利分配波动性的影响。表 5-7 展示了稳健性检验结果。交乘项 *After* × *EF* 和盈余管理变量以及最近 3 年分配现金股利的方差都呈现了显著的正向相关关系，系数为 0.003 和 0.011，分别在 5% 和 10% 的水平下显著，与表 5-5、表 5-6 的结果基本一致，进一步验证了结论的可靠性和稳定性。

表 5-7　稳健性检验：更换因变量的计量方式

	DTAC_ROA （1）	Divar3 （2）
After	−0.008***	0.016*
	（−6.87）	（1.80）
EF	−0.002	0.027***
	（−1.27）	（4.87）
After × *EF*	0.003**	0.011*
	（1.98）	（1.71）
Bigfour	0.002	−0.036***
	（0.89）	（−2.81）
Size	0.002***	−0.002
	（3.14）	（−0.58）
Lev	0.162	0.416
	（0.47）	（0.95）
ROA	0.598***	−0.529***
	（35.64）	（−7.70）
TobinQ	−0.167	−0.480
	（−0.49）	（−1.09）
Cfo	−0.827***	0.018
	（−76.21）	（0.56）
Cycle	−0.006	0.054***
	（−1.43）	（3.30）

续表

	DTAC_ROA （1）	Divar3 （2）
Soe	0.004***	−0.012
	（3.74）	（−1.42）
Firshare	0.003	0.068***
	（0.90）	（2.81）
CEO	−0.000	−0.013
	（−0.39）	（−1.31）
常数项	−0.021	0.132*
	（−1.58）	（1.72）
行业固定效应	是	是
年度固定效应	是	是
公司聚类	是	是
样本量	17965	17965
Adj R^2	0.595	0.017

注：括号内为 t 统计量，***、**、* 分别表示在 1%、5%、10% 的水平下显著。

二 更换再融资动机变量

我们更换表示再融资动机的变量，采用魏志华等（2014）的再融资动机变量，即公司当年是否公布再融资预案的虚拟变量 *Dumseo*，进行稳健性检验。表 5-8 展示了稳健性检验结果。结果显示，交乘项 *After × Dumseo* 和盈余管理变量以及最近 5 年分配现金股利的方差都在 10% 的水平上显著。与表 5-5、表 5-6 的结果基本一致，进一步验证了结论的可靠性和稳定性。

表 5-8　稳健性检验：更换再融资动机变量

	DTAC（1）	Divar5（2）
After	−0.012***	0.007
	（−12.55）	（0.88）
Dumseo	−0.001	−0.022***
	（−0.64）	（−3.04）
After × Dumseo	0.005*	0.015*
	（1.91）	（1.67）
Bigfour	0.000	−0.043***
	（0.10）	（−2.97）
Size	0.001	0.000
	（1.30）	（0.04）
Lev	−0.091	0.202
	（−0.39）	（0.45）
ROA	0.880***	−0.558***
	（43.43）	（−7.12）
TobinQ	0.076	−0.292
	（0.32）	（−0.64）
Cfo	−1.001***	0.030
	（−102.92）	（0.95）
Cycle	0.016***	0.043**
	（3.15）	（2.53）
Soe	−0.001	−0.011
	（−0.94）	（−1.20）
Firshare	0.005*	0.074***
	（1.69）	（2.81）
CEO	0.000	−0.013
	（0.36）	（−1.21）

续表

	DTAC （1）	Divar5 （2）
常数项	0.018	0.088
	（1.49）	（1.05）
行业固定效应	是	是
年度固定效应	是	是
公司聚类	是	是
样本量	17965	17965
Adj R²	0.743	0.015

注：括号内为 t 统计量，***、**、* 分别表示在 1%、5%、10% 的水平下显著。

三 公司固定效应模型

进行股利分配和盈余管理的公司可能具有很多特征，我们无法在模型中一一控制。为了避免遗漏变量的影响，我们对模型进行了公司层面的固定效应回归，结果基本不变。具体如表 5-9 所示。

表 5-9 稳健性检验：公司固定效应

	DTAC （1）	Divar5 （2）
After	−0.008***	−0.012
	（−5.49）	（−1.31）
EF	−0.003	0.012*
	（−1.62）	（1.71）

续表

	DTAC （1）	Divar5 （2）
After × EF	0.001* （1.67）	0.013 （1.61）
Bigfour	−0.002 （−0.61）	−0.020 （−1.18）
Size	−0.004*** （−3.53）	0.016** （2.09）
Lev	0.043 （0.19）	0.307 （0.82）
ROA	0.804*** （35.78）	−0.383*** （−5.39）
TobinQ	−0.059 （−0.26）	−0.351 （−0.92）
Cfo	−1.045*** （−120.48）	0.039 （1.26）
Cycle	0.023*** （2.67）	−0.011 （−0.53）
Soe	−0.003 （−1.58）	−0.039** （−1.96）
Firshare	0.011* （1.87）	0.059 （1.10）
CEO	0.001 （0.39）	0.003 （0.26）
常数项	0.131*** （5.42）	−0.180 （−1.14）
年度固定效应	是	是
公司固定效应	是	是

续表

	DTAC （1）	Divar5 （2）
公司聚类	是	是
样本量	17965	17965
Adj R^2	0.753	0.007

注：括号内为 t 统计量，***、**、* 分别表示在 1%、5%、10% 的水平下显著。

第七节　进一步分析

一　按盈利能力划分

盈利能力不同的公司可能呈现不同的结果，为此我们按资产收益率 ROA 的中位数将样本分为中位数及以上和中位数以下的子样本进行分析，具体结果见表 5-10。我们发现，盈利好的公司，即 ROA 指标在中位数及以上的上市公司，交乘项 After × EF 的系数并不显著。这可能因为对于业绩好的企业来说，内源融资成本小于股权融资。另外，他们并不需要为满足融资达标要求而增加公司的盈余管理成本。而对于盈利相对较差的公司（以 ROA 指标在中位数以下来计量）来说，交乘项 After × EF 和盈余管理以及现金股利方差之间呈现显著的正相关关系。这就说明基于半强制股利政策所设定的融资门槛，那些业绩接近且有融资需求的企业会为了达到业绩门槛而进行正向的盈余管理。而受制于现金分红的门槛要求，他们也可能会为了达标而进行各年之年的现金操纵。

表 5-10　进一步研究：按资产收益率分类

	ROA 大于或等于中位数		ROA 小于中位数	
	DTAC（1）	Divar5（2）	DTAC（3）	Divar5（4）
After	−0.017***	−0.025***	−0.010***	0.042***
	（−9.28）	（−2.79）	（−7.97）	（2.99）
EF	0.004	−0.005	−0.004	0.009
	（1.38）	（−0.53）	（−1.45）	（1.26）
After × EF	−0.003	−0.015	0.007**	0.044***
	（−0.95）	（−0.97）	（2.01）	（3.07）
Bigfour	−0.001	−0.030***	−0.004	−0.044
	（−0.33）	（−3.40）	（−1.12）	（−1.38）
Size	0.001	−0.005	0.000	0.004
	（1.52）	（−1.26）	（0.63）	（0.63）
Lev	0.101	−0.563	0.230	0.201
	（0.26）	（−0.40）	（1.18）	（0.39）
ROA	1.122***	−0.180**	0.638***	−0.201**
	（38.49）	（−2.35）	（25.83）	（−2.37）
TobinQ	−0.116	0.513	−0.232	−0.355
	（−0.29）	（0.36）	（−1.19）	（−0.68）
Cfo	−1.068***	0.112***	−0.995***	0.036
	（−105.84）	（3.41）	（−86.01）	（0.65）
Cycle	0.034***	−0.034	0.015***	0.079***
	（4.40）	（−1.49）	（2.66）	（3.06）

	ROA 大于或等于中位数		ROA 小于中位数	
	DTAC（1）	Divar5（2）	DTAC（3）	Divar5（4）
Soe	0.002	−0.012	−0.002	−0.019
	（1.19）	（−1.64）	（−1.55）	（−1.20）
Firshare	0.000	0.053**	0.007*	0.107**
	（0.11）	（2.16）	（1.72）	（2.44）
CEO	0.003*	−0.009	−0.003*	−0.012
	（1.68）	（−0.87）	（−1.80）	（−0.67）
常数项	0.001	0.179***	0.015	0.008
	（0.08）	（2.70）	（1.02）	（0.05）
行业固定效应	是	是	是	是
年度固定效应	是	是	是	是
公司聚类	是	是	是	是
样本量	9215	8964	8750	9001
Adj R²	0.763	0.018	0.749	0.030

注：括号内为 t 统计量，***、**、* 分别表示在 1%、5%、10% 的水平下显著。

二 按现金流量划分

股利支付和公司现金流的充裕程度也密切相关，因此我们按现金持有水平，即经总资产调整的经营活动现金流量将所有公司分为中位数及以上和中位数以下的子样本进行分析，具体结果见表 5-11。我们发现，经营现金流充裕且有融资动机的公司在政策实施后更容易进行盈余管理活动，可能是因为半强制股利政策将股利与再融资资格相联系，虽然通过盈余管理可以做高利润，但只有拥有充裕现金才能获得融资资格。因此 *After×EF* 与盈余管理 *DTAC* 显著相关，系数为 0.008，并在 5% 的水平下显著，但是 *After×EF* 与最近 5 年分配现金股利的方差 *Divar5* 不相关，因为现金流充裕的公司支付现金股利的难度较小，因此，政策实施后具有融资动机的公司，如果现金流充裕则股利支付的方差相对较小。相对而言，现金持有水平低的公司，更多地会体现在现金股利支付上的操纵，因此 *After×EF* 与盈余管理不相关，但会显著提高对现金股利支付的操纵，从而显著增加股利支付的波动性。

表 5-11　进一步研究：按经营现金流量分类

	Cfo 大于或等于中位数		*Cfo* 小于中位数	
	DTAC（1）	*Divar5*（2）	*DTAC*（3）	*Divar5*（4）
After	−0.006***	−0.004	−0.015***	0.029**
	（−3.51）	（−0.37）	（−10.30）	（2.39）
EF	−0.002	0.013	−0.008***	0.006
	（−0.64）	（1.36）	（−3.14）	（0.81）
After×EF	0.008**	0.001	0.002	0.035***
	（2.23）	（0.04）	（0.49）	（2.85）
Bigfour	0.001	−0.038**	−0.003	−0.047***
	（0.56）	（−1.97）	（−1.32）	（−3.14）
Size	0.000	−0.003	0.002**	0.001
	（0.11）	（−0.55）	（2.24）	（0.09）
Lev	0.792	−1.850	−0.275	0.028
	（0.86）	（−1.34）	（−1.39）	（0.06）

续表

	Cfo 大于或等于中位数		Cfo 小于中位数	
	DTAC（1）	Divar5（2）	DTAC（3）	Divar5（4）
ROA	0.933***	−0.480***	0.804***	−0.519***
	（34.21）	（−5.66）	（31.79）	（−5.24）
TobinQ	−0.828	1.808	0.270	−0.121
	（−0.90）	（1.31）	（1.35）	（−0.26）
Cfo	−0.933***	−0.080	−1.064***	0.162**
	（−51.02）	（−1.28）	（−77.55）	（2.43）
Cycle	−0.003	0.014	0.028***	0.068***
	（−0.29）	（0.61）	（6.32）	（2.94）
Soe	0.002*	−0.014	−0.004***	−0.015
	（1.66）	（−1.21）	（−3.12）	（−1.15）
Firshare	0.000	0.095***	0.005	0.068**
	（0.12）	（2.87）	（1.27）	（1.99）
CEO	0.001	−0.011	0.001	−0.014
	（0.35）	（−0.88）	（0.35）	（−0.96）
常数项	0.029	0.152*	−0.000	0.069
	（1.44）	（1.66）	（−0.03）	（0.56）
行业固定效应	是	是	是	是
年度固定效应	是	是	是	是
样本量	9215	8984	8750	8981
Adj R^2	0.630	0.016	0.725	0.028

注：括号内为 t 统计量，***、**、* 分别表示在 1%、5%、10% 的水平下显著。

第八节　结论

我国半强制股利政策为再融资公司设立了分红和业绩门槛，

进而影响了再融资公司的盈余管理行为。为了满足要求，这些公司都会进行一定的盈余操控。本章选取 2001~2015 年再融资上市公司作为研究对象，并以 2008 年分红政策的颁布为节点，对再融资公司的盈余管理行为进行了对比研究。研究结果表明，在半强制股利政策的作用下，再融资公司有着强烈的盈余管理动机，主要体现在：再融资企业会为了向市场传递企业业绩好的信号而进行正向的盈余管理；由于分红门槛的设置，一些业绩好的企业也会进行突击分红；而业绩差的企业也可能为了达标而增加对各年之间分红的操纵，这都使得现金股利分配的波动性增加。进一步的研究表明，政策实施后业绩差的公司比业绩好的公司更倾向于进行盈余管理；同时经营现金流多的公司比现金流少的公司更倾向于进行盈余管理，但是现金流量少的公司更易出现股利支付的巨大波动。

研究结论表明，业绩门槛的设立促使再融资企业为达标而进行盈余管理。这与证监会出台政策的初衷是相背离的。因此，市场监管机构应该更多地制定行为指引和负面行为惩罚清单，尽量避免指标的"明线测试"。

第六章
研究结论与局限

第一节　研究结论

本书研究了半强制股利政策与上市公司资本运营之间的关系。具体而言，本书研究了半强制股利政策与公司股利支付行为之间的关系；半强制股利政策与公司权益资本成本之间的关系；半强制股利政策与公司投资行为之间的关系以及半强制股利政策与公司盈余管理行为之间的关系。

本书实证分析的主要结论如下。

其一，本书第二章研究了半强制股利政策对公司股利支付行为的影响，研究发现，半强制股利政策实施后，具有融资动机的公司会显著提高现金股利支付意愿和支付比例，说明具有融资需求的公司才更容易受到政策的影响。半强制股利政策实施后，具有融资动机的公司更有可能满足政策要求的分红条件，说明政策所特有的标准的"明线测试"的特点使公司更有动机去"撞线"从而获得再融资机会。另外，半强制股利政策对前期从未支付过股利的公司没有任何影响，说明半强制股利政策的作用存在局限性。

其二，本书第三章主要对半强制股利政策与公司权益资本成本之间的关系进行系统研究。研究发现，从整体上看，半强制股利政策实施后公司权益资本成本显著降低，但是具有不同特征的公司其权益资本成本变化不同。具有"门槛股利"支付行为的公司，也即最近三年以现金方式累计分配的利润与最近三年实现的年均可分配利润的比例为 30%~35% 的公司，在政策实施后权益融资成本显著提高。自由现金流量多的公司在政策实施后权益成本显著降低。这些发现表明，资本市场对于融资动机具有一定的识别能力。进一步的研究发现，对于不同融资约束、不同治理环境和不同盈利特征的公司，"门槛股利"支付行为下的权益资本成本不同：面临融资约束较多的非国有公司、机构投资者持股比例低的公司和盈利情况相对较差的公司在政策实施后的"门槛股利"支付行为显著提高了权益资本成本。

其三，本书第四章研究了半强制股利政策与企业投资行为之间的关系。研究发现，总体而言，半强制股利政策的实施缓解了投资过度，加剧了投资不足。半强制股利政策实施后，有融资需求的公司会更加缓解投资过度；而半强制股利政策的实施会增强股利支付对投资过度的抑制作用；但是政策会加大股利支付对投资不足的作用。进一步研究发现，公司治理水平更高或盈利水平更高、支付现金股利的企业在半强制股利政策加剧投资过度抑制方面的效果好于公司治理水平低和盈利水平低的企业。

其四，本书第五章研究了半强制股利政策与公司盈余管理行为之间的关系。研究发现，半强制股利政策实施后，具有融资动机的公司会提高操控性应计的水平，进而实现分红和再融资的目的。研究还发现，半强制股利政策实施后，具有融资动机的公司，其股利支付的波动性更大，说明公司为了获得再融资机会，操控现金分红达到再融资的情况增加，导致现金股利支付的波动性更大。进一步的研究表明，政策实施后业绩差的公司比业绩好的公司更倾向于进行盈余管理；同时经营现金流多的公司比现金流少的公司更倾向于进行盈余管理，但是现金流少的公司更易出现股利支付波动，原因可能在于虽然可以通过盈余管理做高业绩，但是分配现金股利需要"真金白银"来支撑，所以具有较多现金流的具有再融资动机的公司更倾向于操控盈余，而现金流少又具有融资动机的公司则更倾向于操控股利分红。

第二节　研究局限

本书研究的局限性主要表现在以下几点。

第一，关于融资动机计量指标。半强制股利政策最大的特色是将本来由企业决定的股利分红行为与再融资行为联系起来。要精准研究政策对有融资动机企业的影响就必须准确定义和计量企业的再融资动机。尽管我们分别采用 Durnev 和 Kim（2005）、余琰和王春飞（2014）的方法估计资金缺口，并用当年是否计划再融资（李常青等，2010；魏志华等，2014）进行稳健性检验，但是过于刻板的估计增长差异以及将现实融资行为作为潜在融资动机都存在计量的精度问题。对如何更好地进行再融资动机的计量，我们没有展开系统研究，可能会对研究结果产生影响。

第二，本书主要的研究方法是规范研究和实证研究。缺乏数理模型的演绎而仅有文字推理的规范研究，其严谨性可能受到影响。再者，本书的实证研究以 OLS 回归为主，尽管采用了政策研究常用的 DID 方法，并尽力从多个方面进行稳健性测试，但内生性问题的存在仍可能会影响研究结论。

第三，研究的深度和广度还有待继续加强。半强制股利政策的经济影响是在股利政策的大背景下进行的研究，而研究股利政策和股利行为的中外文献汗牛充栋，所以本书的研究口考虑以前研究所发现的各项影响因素可能并不充分，还是有部分影响因素没有对其进行详细论述和检验。

这些研究的问题和局限都将成为未来研究的起点！

参考文献

中文

安青松:《中国上市公司分红现状与趋势研究》,《证券市场导报》2012 年第 11 期。

薄仙慧、吴联生:《国有控股与机构投资者的治理效应：盈余管理视角》,《经济研究》2009 年第 2 期。

蔡春、朱荣、和辉、谢柳芳:《盈余管理方式选择、行为隐性化与濒死企业状况改善——来自 A 股特别处理公司的经验证据》,《会计研究》2012 年第 9 期。

蔡庆丰、江逸舟:《公司地理位置影响其现金股利政策吗？》,《财经研究》2013 年第 7 期。

曹裕:《产品市场竞争、控股股东倾向和公司现金股利政策》,《中国管理科学》2014 年第 3 期。

陈汉文、屈依娜:《内部控制与现金股利政策》,《厦门大学学报》2016 年第 5 期。

陈红、郭丹:《股权激励计划:工具还是面具?——上市公司股权激励、工具选择与现金股利政策》,《经济管理》2017 年第 2 期。

陈辉、顾乃康、邓剑兰、王威:《中国上市公司股利政策变化的原因分析:时间序列的视角》,《金融经济学研究》2014 年第 6 期。

陈金勇、牛欢欢、杨俊:《监管政策、股东控制与现金股利决策》,《哈尔滨商业大学学报》2019 年第 2 期。

陈金勇、汤湘希、杨俊:《基于 DID 模型的股利监管政策效应分析》,《商业研究》2017 年第 3 期。

陈立泰、林川:《董事会特征与现金股利分配倾向》,《管理世界》2011 年第 10 期。

陈名芹、刘星、辛清泉:《上市公司现金股利不严稳影响投资者行为偏好吗?》,《经济研究》2017 年第 6 期。

陈其安、方彩霞、肖映红:《基于上市公司高管人员过度自信的股利分配决策模型研究》,《中国管理科学》2010 年第 3 期。

陈晓、陈小悦、倪凡:《我国上市公司首次股利信号传递效应的实证研究》,《经济科学》1998 年第 5 期。

陈晓珊、刘洪铎:《冗员负担与现金股利政策——来自混合所有制企业的经验证据》,《中南财经政法大学学报》2019 年第 2 期。

陈信元、陈冬华、时旭:《公司治理与现金股利:基于佛山照明的案例研究》,《管理世界》2003年第8期。

陈艳、李鑫、李孟顺:《现金股利迎合、再融资需求与企业投资——投资效率视角下的半强制分红政策有效性研究》,《会计研究》2015年第11期。

陈艳、于洪鉴、王发理:《公司生命周期、CEO权力与现金股利决策》,《东南大学学报》2017年第11期。

陈云玲:《半强制分红政策的实施效果研究》,《金融研究》2014年第8期。

陈运森、黄健峤、韩慧云:《股票市场开放提高现金股利水平了吗?——基于"沪港通"的准自然实验》,《会计研究》2019年第3期。

程子健、张俊瑞:《交叉上市、股权性质与企业现金股利政策——基于倾向得分匹配法的分析》,《会计研究》2015年第7期。

程子健、张俊瑞、李彬:《交叉上市对股利政策稳定性的影响分析——基于捆绑效应的视角》,《经济与管理研究》2012年第11期。

崔宸瑜、陈运森、郑登津:《定向增发与股利分配动机异化:基于"高送转"现象的证据》,《会计研究》2017年第7期。

戴志敏、楼杰云:《半强制分红政策影响了再融资企业的盈余管理吗?》,《华东经济管理》2016年第9期。

邓建平、曾勇:《上市家族控制与股利决策研究》,《管理世界》2005 年第 7 期。

邓建平、曾勇、何佳:《改制模式、资金占用与公司绩效》,《中国工业经济》2007 年第 1 期。

邓康林、刘名旭:《环境不确定性、财务柔性与上市公司现金股利》,《财经科学》2013 年第 2 期。

丁志国、李甜、赵晶:《上市公司股利政策的时间效应及其内生性》,《中国工业经济》2014 年第 10 期。

杜金岷、杨贤宏、吴非:《现金股利政策能否促进企业创新?》,《产经评论》2019 年第 3 期。

杜兴强、谭雪:《国际化董事会、分析师关注与现金股利分配》,《金融研究》2017 年第 8 期。

高文亮、罗宏、曾永良:《半强制分红政策效应研究——来自中国上市公司的经验证据》,《宏观经济研究》2018 年第 8 期。

顾鸣润、田存志:《IPO 后业绩变脸与真实盈余管理分析》,《统计与决策》2012 年第 1 期。

顾小龙、李天钰、辛宇:《现金股利、控制权结构与估价崩溃风险》,《金融研究》2015 年第 7 期。

顾振伟、欧阳令南:《频数分布法与上市公司盈余管理动机研究》,《安徽大学学报》2008 年第 1 期。

郭红彩:《管理层权力对上市公司分红行为的影响——基于我国 A 股上市公司的经验证据》,《中南财经政法大学学报》2013 年第 1 期。

郭慧婷、张俊瑞、李彬、刘东霖:《再融资公司的现金分红和现金流操控研究》,《南京审计学院学报》2011 年第 3 期。

郭丽虹、刘婷:《强制分红政策、融资约束与投资效率》,《上海财经大学学报》2019 年第 1 期。

韩慧博、吕长江、李然:《非效率定价、管理层股权激励与公司股票股利》,《财经研究》2012 年第 10 期。

韩勇、干胜道、张伊:《机构投资者异质性的上市公司股利政策研究》,《统计研究》2013 年第 5 期。

贺玮:《私募股权投资对上市公司股利政策的影响研究——来自创业板的经验证据》,《湖南大学学报》2015 年第 5 期。

侯广辉、张如松:《创新驱动作用下上市公司股利政策影响融资约束的实证研究》,《科技管理研究》2017 年第 3 期。

胡国柳、李伟铭、蒋顺才:《利益相关者与股利政策:代理冲突与博弈》,《财经科学》2011 年第 6 期。

胡国强、张俊民:《保护性股权激励与现金股利政策——来自中国上市公司的经验证据》,《经济与管理研究》2013 年第 2 期。

胡秀群、吕荣胜、曾春华:《高管过度自信与现金股利相关性研究——基于融资约束的视角》,《财经理论与实践》2013 年第 6 期。

黄国良、郭道燕:《环境不确定性、CEO 权力与现金股利分配》,《商业研究》2015 年第 8 期。

黄娟娟、沈艺峰:《上市公司的股利政策究竟迎合了谁的需要——来自中国上市公司的经验数据》,《会计研究》2007年第8期。

黄少安、张岗:《中国上市公司股权融资偏好》,《经济研究》2001年第11期。

黄少安、钟卫东:《股权融资成本软越苏与股权融资偏好——对中国公司股权融资偏好的进一步解释》,《财经问题研究》2012年第12期。

黄兴孕、林燕、沈维涛:《宏观经济状况会影响公司现金股利政策吗?》,《财政研究》2014年第6期。

黄志典、李宜训:《公司治理、现金股利与公司价值》,《证券市场导报》2017年第3期。

霍晓萍:《生命周期视角下的现金股利分配决策研究——来自沪深A股上市公司的数据》,《证券市场导报》2014年第4期。

江南春:《半强制分红政策下沪市上市公司现金分红与财务绩效的关系》,《企业经济》2014年第7期。

江伟、李斌:《制度环境、国有产权与银行差别贷款》,《金融研究》2006年第11期。

姜付秀、支晓强、张敏:《投资者利益保护与股权融资成本——以中国上市公司为例的研究》,《管理世界》2008年第2期。

蒋东生:《"高分红"真的是掏空上市公司的手段吗?——基于用友软件的案例分析》,《管理世界》2010年第7期。

蒋东生:《内部人控制与公司的股利政策——基于宇通客车

的案例分析》,《管理世界》2009 年第 4 期。

焦小静、张鹏伟:《客户集中度影响公司股利政策吗:治理效应抑或风险效应》,《广东财经大学学报》2017 年第 4 期。

靳庆鲁、宣扬、李刚、陈明端:《社保基金持股与公司股利政策》,《会计研究》2016 年第 5 期。

雷光勇、王文忠、刘茉:《政治不确定性、股利政策调整与市场效应》,《会计研究》2015 年第 4 期。

李彬、张俊瑞:《产权性质差异、现金分红与公司业绩》,《山西财经大学学报》2013 年第 4 期。

李常青:《我国上市公司股利政策现状及其成因》,《中国工业经济》1999 年第 9 期。

李常青、魏志华、吴世农:《半强制分红政策的市场反应研究》,《经济研究》2010 年第 3 期。

李慧:《半强制分红政策对上市公司现金分红策略的影响研究》,《上海经济研究》2013 年第 1 期。

李茂良:《股票市场流动性影响上市公司现金股利政策吗——来自中国 A 股市场的经验证据》,《南开管理评论》2017 年第 4 期。

李茂良、李常青、魏志华:《半强制分红政策能增加投资者财富吗——基于市场流动性视角的事件研究》,《山西财经大学学报》2014 年第 6 期。

李伟、白婧:《"半强制分红政策"与现金持有价值》,《会计论坛》2016 年第 1 期。

李翔、张丽、韩文惠:《上市公司盈余管理与现金股利管理的协同关系检验——基于 PSTR 模型的非线性视角》,《投资研究》2017 年第 10 期。

李祎、刘启亮、李洪:《IFRS、财务分析师、机构投资者和权益资本成本——基于信息治理观视角》,《会计研究》2016 年第 10 期。

李勇:《信息披露质量、管理层持股与现金股利政策》,《会计之友》2014 年第 14 期。

李增福、张淑芳:《股利所得税减免能提高上市公司的现金股利支付吗——基于财税〔2005〕102 号文的研究》,《财贸经济》2010 年第 5 期。

李正旺、王宝顺:《股息所得税改革影响企业股利分配吗? ——来自我国上市公司的实证检验》,《江汉论坛》2018 年第 4 期。

梁相、马忠:《少数股权占比对上市公司现金股利分配影响研究》,《证券市场导报》2017 年第 4 期。

廖珂、崔宸瑜、谢德仁:《控股股东股权质押与上市公司股利政策选择》,《金融研究》2018 年第 4 期。

廖理、方芳:《股利政策代理理论的实证检验》,《南开管理评论》2005 年第 5 期。

林川:《地区市场化进程与现金股利迎合行为》,《财贸研究》

2015 年第 2 期。

　　林川、曹国华:《现金股利政策、外部审计与股价未来崩盘风险——基于创业板上市公司经验证据的分析》2018 年第 6 期。

　　林川、曹国华、陈立泰:《公司治理与现金股利分配倾向——来自中国上市公司的经验证据》,《经济与管理研究》2011 年第 2 期。

　　林川、杨柏、代彬:《IPO 公司为何青睐现金股利分配——经验结解析与中国 A 股市场的实证检验》,《现代财经》2016a 年第 3 期。

　　林川、杨柏、代彬:《基于迎合理论的中国上市公司现金股利变更性研究》,《财经论丛》2016b 年第 8 期。

　　刘孟晖:《人终极控制及其现金股利行为研究——来自中国上市公司的经验证据》,《中国工业经济》2011 年第 12 期。

　　刘孟晖、高友才:《现金股利的异常派现、代理成本与公司价值——来自中国上市公司的经验证据》,《开管理评论》2015 年第 1 期。

　　刘明、刘研召:《股利部分支付时 MM 定理再检验——基于中国分经济区新能源上市公司比较研究》,《陕西师范大学学报(哲学社会科学版)》2018 年第 2 期。

　　刘卿龙、杨兴全:《多元化经营与现金股利政策:代理冲突还是融资约束?》,《会计与经济研究》2018 年第 4 期。

　　刘亭立、罗赐洋:《现金股利对过度投资的抑制效应研究》,

《统计与决策》2015 年第 24 期。

刘星、陈名芹:《中国上市公司股利平稳性理论框架构建——基于国内外股利平稳性前沿研究的综述与分析》,《会计研究》2016 年第 4 期。

刘星、陈名芹、李宁:《货币政策、再融资管制与现金股利分配》,《中国会计评论》2015 年第 3 期。

刘星、谭伟荣、李宁:《半强制分红政策、公司治理与现金股利政策》,《南开管理评论》2016 年第 5 期。

刘星、汪洋:《高管权力、高管薪酬与现金股利分配》,《经济与管理研究》2014 年第 11 期。

刘妍、王利、张荣霞、周睿:《股权分置改革对上市公司现金股利行为影响的实证检验》,《统计与决策》2014 年第 18 期。

刘银国、焦键、张琛:《股利政策、自由现金流与过度投资——基于公司治理机制的考察》,《南开管理评论》2015 年第 4 期。

刘银国、张琛、阮素梅:《现金股利的代理成本控制效应研究——基于半强制分红的考察》,《审计与经济研究》2014 年第 5 期。

娄芳、李玉博、原红旗:《新会计准则对现金股利和会计盈余关系影响的研究》,《管理世界》2010 年第 1 期。

卢建词、姜广省:《混合所有制与国有企业现金股利分配》,

《经济管理》2018 年第 2 期。

卢月根、王春飞:《股利税收效应与中小投资者保护》,《税务研究》2012 年第 11 期。

陆正飞、王春飞、王鹏:《激进股利政策的影响因素及其经济后果》,《金融研究》2010 年第 6 期。

陆正飞、叶康涛:《中国上市公司股权融资偏好解析——偏好股权融资就是缘于融资成本低吗?》,《经济研究》2004 年第 4 期。

罗宏、黄文华:《国企分红、在职消费与公司业绩》,《管理世界》2008 年第 9 期。

罗琦、胡亦秋:《现金股利与资本结构动态调整》,《金融论坛》2016 年第 2 期。

罗琦、李辉:《企业生命周期、股利决策与投资效率》,《经济评论》2015 年第 2 期。

罗琦、彭梓倩、吴哲栋:《控股股东代理问题、现金股利与权益资本成本》,《经济与管理研究》2017 年第 5 期。

罗琦、吴哲栋:《控股股东代理问题与公司现金股利》,《管理科学》2016 年第 3 期。

罗琦、伍敬侗:《控股股东代理与股利生命周期特征》,《经济管理》2017 年第 9 期。

吕长江、王克敏:《上市公司股利政策的实证分析》,《经济研究》1999 年第 12 期。

吕长江、许静静:《基于股利变更公告的股利信号效应研究》,《南开管理评论》2010 年第 2 期。

吕长江、张海平:《市公司股权激励计划对股利分配政策的影响》,《管理世界》2012 年第 11 期。

吕纤、罗琦:《现金股利迎合能力的影响因素》,《管理科学》2019 年第 5 期。

吕纤、向东进:《现金股利迎合与股价信息效率》,《中国地质大学学报》2017 年第 11 期。

马宏、胡耀亭:《现金股利政策选择的市场反应研究——基于长期股票投资收益的视角》,《证券市场导报》2017 年第 8 期。

马鹏飞、董竹:《股利折价之谜——基于大股东掏空与监管迎合的探索》,《南开管理评论》2019 年第 3 期。

马曙光、黄志忠、薛云奎:《股权分置、资金侵占与上市公司现金股利政策》,《会计研究》2005 年第 9 期。

毛新述、叶康涛、张顿:《上市公司权益资本成本的测度与评价》,《会计研究》2012 年第 11 期。

南晓莉、刘井建:《股权集中度、现金股利与上市公司盈余质量的实证研究》,《大连理工大学学报（社会科学版）》2014 年第 4 期。

牛建波、吴超、李胜楠:《机构投资者类型、股权特征和自愿性信息披露》,《管理评论》2013 年第 3 期。

强国令:《半强制分红政策、逆向选择与股利掏空》,《投资研究》2014 年第 10 期。

强国令:《股权分置制度变迁、股权激励与现金股利——来自国有上市公司的经验证据》,《上海财经大学学报》2012 年第 2 期。

强国令、李曜、张子炜:《创业板上市公司的现金分红政策悖论——基于股利掏空理论的解释》,《中国经济问题》2017 年第 2 期。

秦海林、潘丽莎:《强制分红政策、倒逼效应与公司绩效——基于 DID 模型的实证检验》,《天津财经大学学报》2019 年第 8 期。

覃家琦、邵新建、肖立晟:《交叉上市、增长机会与股利政策》,《金融研究》2016 年第 11 期。

屈依娜、陈汉文:《现金股利政策、内部控制与市场反应》,《金融研究》2018 年第 5 期。

权小锋、滕明慧、吴世农:《行业特征与现金股利政策——基于 2004-2008 年中国上市公司的实证研究》,《财经研究》2010a 年第 8 期。

权小锋、滕明慧、吴世农:《行业因素影响上市公司首发现金股利决策吗?》,《经济管理》2010b 年第 9 期。

全怡、梁上坤、付宇翔:《货币政策、融资约束与现金股利》,《金融研究》2016 年第 11 期。

史金艳、杨健亨、陈婷婷、张启望:《客户集中度影响现金股利的机制——信号传递、代理冲突还是融资约束》,《投资研究》2018 年第 10 期。

宋迪、杨超:《控股股东股权质押、分析师关注与股利政策》,《北京工商大学学报》2018 年第 11 期。

宋逢明、姜琪、高峰:《现金分红对股票收益率波动和基本面信息相关性的影响》,《金融研究》2010 年第 10 期。

宋福铁、屈文洲:《基于企业生命周期理论的现金股利分配实证研究》,《中国工业经济》2010 年第 2 期。

粟立钟、谢志华:《现金股利、代理风险及市场反应》,《北京工商大学学报(社会科学版)》2013 年第 2 期。

孙刚、朱凯、沈纯:《机构投资者持股、税负异质性与现金股利分配偏好》,《山西财经大学学报》2015 年第 6 期。

孙静、李楠楠、王亚军:《对股利分配中"税收惩罚观"的一个验证》,《证券市场导报》2015 年第 7 期。

索玲玲、杨克智:《我国上市公司会计稳健性与股利分配的实证研究》,《中央财经大学学报》2015 年第 8 期。

唐跃军、谢仍明:《股份流动性、股权制衡机制与现金股利的隧道效应——来自 1999—2003 年中国上市公司的证据》,《中国工业经济》2006 年第 2 期。

陶启智、李亮、李子扬:《机构投资者是否偏好现金股利——来自 2005-2013 年的经验证据》,《财经科学》2014 年第

12 期。

田昆儒、孙瑜:《现金股利模型与股价崩盘风险——基于股利"替代"模型和"结果"模型之辨析》,《北京工商大学学报》2016 年第 9 期。

王彩萍、李善民:《终极控制人、机构投资者持股与上市公司股利分配》,《商业经济与管理》2011 年第 6 期。

王春飞、陆正飞、伍利娜:《企业集团统一审计与权益资本成本》,《会计研究》2013 年第 6 期。

王国俊、陈浩、王跃堂:《现金股利承诺对控股股东掏空行为的影响》,《南京社会科学》2015 年第 7 期。

王国俊、王跃堂:《现金股利承诺制度与资源配置》,《经济研究》2014 年第 9 期。

王国俊、王跃堂、韩雪、钱晓东:《差异化现金分红监管政策有效吗?——基于公司治理的视角》,《会计研究》2017 年第 7 期。

王化成、李春玲、卢闯:《控股股东对上市公司现金股利政策影响的实证研究》,《管理世界》2007a 年第 1 期。

王化成、裘益政、尹美群:《控股股东与公司绩效——民营上市公司与国有上市公司的对比分析》,《山西财经大学学报》2007b 年第 6 期。

王会娟、张然、胡诗阳:《私募股权投资与现金股利政策》,《会计研究》2014 年第 10 期。

王静、张天西、郝东洋:《发放现金股利的公司具有更高盈余质量吗?——基于信号传递理论新视角的检验》,《管理评论》2014年第4期。

王垒、曲晶、刘新民:《选择偏好与介入治理:异质机构投资者持股与双重股利政策的相互影响》,《现代财经》2018年第11期。

王满、田旻昊:《上市公司财务柔性与股利分配政策研究——基于我国半强制分红的制度背景》,《财经问题研究》2014年第6期。

王茂林、何玉润、林慧婷:《管理层权力、现金股利与企业投资效率》,《南开管理评论》2014年第2期。

王珊珊、邓路、王化成:《股市周期、公司特征与现金股利公告的信号传递效应》,《当代财经》2010年第5期。

王译晗、杨汉明、汪振坤:《企业研发投入影响现金股利支付吗?——声誉理论抑或财务弹性理论》,《中南财经政法大学学报》2018年第3期。

王毅辉、李常青:《产品市场竞争对股利政策影响的实证研究》,《经济与管理研究》2010年第2期。

王志强、张玮婷:《上市公司财务灵活性、再融资期权与股利迎合策略研究》,《管理世界》2012年第7期。

魏锋:《外部审计和现金股利的公司治理角色:替代抑或互补》,《审计研究》2012年第4期。

魏刚:《非对称信息下的股利政策》,《经济科学》2000 年第 2 期。

魏刚:《我国上市公司股利分配的实证研究》,《经济研究》1996 年第 6 期。

魏明海、柳建华:《国企分红、治理因素与过度投资》,《管理世界》2007 年第 4 期。

魏志华、李常青、吴育辉、黄佳佳:《半强制分红政策、再融资动机与经典股利理论——基于股利代理理论与信号理论视角的实证研究》,《会计研究》2017 年第 7 期。

魏志华、李茂良、李常青:《半强制分红政策与中国上市公司分红行为》,《经济研究》2014 年第 6 期。

魏志华、吴育辉、李常青:《投资者持股与中国上市公司现金股利政策》,《证券市场导报》2012 年第 10 期。

文武健:《不同股权性质企业对半强制分红政策的市场反应及传导机制研究》,《中国物价》2014 年第 10 期。

吴超鹏、吴世农、程静雅、王璐:《风险投资对上市公司投融资行为影响的实证研究》,《经济研究》2012 年第 1 期。

吴超鹏、张媛:《风险投资对上市公司股利政策影响的实证研究》,《金融研究》2017 年第 9 期。

吴春贤、杨兴全:《金融发展、产权性质与现金股利政策》,《中央财经大学学报》2018 年第 10 期。

吴春贤、杨兴全、吴昊旻:《商业信用能抑制变强制分红政策的监管悖论吗？》，《财贸研究》2017 年第 2 期。

吴世农、宋明珍：《论我国上市公司股利政策与产品市场竞争程度的关系》，《会计之友》2016 年第 8 期。

吴卫华、万迪昉：《QFII 持股与上市公司的现金股利政策——来自 2008-2011 年中国 A 股上市公司的证据》，《山西财经大学学报》2012 年第 11 期。

吴育辉、翟玲玲、魏志华：《债券发行与现金股利政策——基于中国上市公司的经验证据》，《经济管理》2018 年第 8 期。

肖珉：《现金股利、内部现金流与投资效率》，《金融研究》2010 年第 10 期。

肖珉：《自由现金流量、利益输送与现金股利》，《经济科学》2005 年第 2 期。

肖淑芳、喻梦颖：《股权激励与股利分配——来自中国上市公司的经验证据》，《会计研究》2012 年第 8 期。

肖星、陈晓：《股利政策与外部股东保护》，《新经济环境下的会计与财务问题研讨会论文集》，2002。

肖泽忠、邹宏：《中国上市公司资本机构的影响因素和股权融资偏好》，《经济研究》2008 年第 6 期。

肖作平、苏忠秦：《现金股利是"掏空"的工具还是掩饰"掏空"的面具？——来自中国上市公司的经验证据》，《管理工程学报》2012 年第 2 期。

邢天才、黄阳洋：《生命周期、财务杠杆与现金股利政策》，

《财经问题研究》2018 年第 8 期。

熊德华、刘力:《股利支付决策与迎合理论——基于中国上市公司的实证研究》,《经济科学》2007 年第 5 期。

徐寿福:《产权性质、独立审计与上市公司现金股利分配》,《审计研究》2012 年第 6 期。

徐寿福:《信息披露、公司治理与现金股利政策——来自深市 A 股上市公司的经验证据》,《证券市场导报》2013 年第 1 期。

徐寿福、徐龙炳:《现金股利政策、代理成本与公司绩效》,《管理科学》2015 年第 1 期。

许浩然、廖冠民:《股利的公司治理功用：基于央企强制分红的实证检验》,《中央财经大学学报》2018 年第 4 期。

许立新、杨淼:《基于行业特征的股利迎合政策研究——以中小板上市公司送转股为例》,《大连理工大学学报（社会科学版）》2014 年第 1 期。

许文彬、刘猛:《我国上市公司股权结构对现金股利政策的影响——基于股权分置改革前后的实证研究》,《中国工业经济》2009 年第 12 期。

严太华、龚春霞:《行为金融视角下我国上市公司现金股利政策解释》,《管理工程学报》2013 年第 3 期。

杨宝:《股利平滑能发挥"市场稳定器"的作用吗》,《当代财经》2019 年第 5 期。

杨宝、万伟、D. Chow:《研发投资决策下的现金股利分配：

抑制还是迎合——兼论"半强制分红政策"的监管悖论》,《山西财经大学学报》2018年第3期。

杨超、山立威:《创始人家族控股、股权分置与现金股利之谜——基于上市家族企业的实证研究》,《经济评论》2018年第2期。

杨汉明:《股权集中度、现金股利与企业价值的实证分析》,《财贸经济》2008a年第8期。

杨汉明:《现金股利与企业价值的实证研究——基于A股市场股权结构的分析》,《统计研究》2008b年第8期。

杨汉明、赵鑫露:《管理层能力、现金股利与绩效反应》,《财经理论与实践》2019年第5期。

杨晶、沈艺峰、熊艳:《"散户"积极主义与公司现金股利政策》,《厦门大学学报》2017年第2期。

杨书怀:《监管环境、公允价值计量与现金股利——来自中国上市公司数据的经验证据》,《当代财经》2016年第4期。

杨兴全、张丽平、陈旭东:《市场化进程与现金股利政策:治理效应抑或缓解融资约束》,《经济与管理研究》2014年第5期。

杨熠、沈艺峰:《现金股利:传递盈利信号还是起监督治理作用》,《中国会计评论》2004年第1期。

叶康涛、陆正飞:《中国上市公司股权融资成本影响因素分析》,《管理世界》2004年第5期。

于静、陈工孟、孙彬:《股权分置改革改善现金股利掠夺效应的有效性》,《软科学》2010 年第 8 期。

于李胜、王艳艳:《信息风险与市场定价》,《管理世界》2007 年第 2 期。

于晓红、姜百灵、李阳:《现金股利、自由现金流与投资效率的关系——基于我国 A 股制造业上市公司样本数据的分析》,《当代经济研究》2017 年第 1 期。

余国杰、赵钰:《半强制分红政策与再融资企业的盈余管理》,《南京审计大学学报》2018 年第 5 期。

余静文:《信贷约束、股利分红与企业预防性储蓄动机——来自中国 A 股上市公司的证据》,《金融研究》2012 年第 10 期。

余琰、王春飞:《再融资与股利政策挂钩的经济后果和潜在问题》,《中国会计评论》2014 年第 1 期。

喻灵:《股价崩盘风险与权益资本成本——来自中国上市公司的经验证据》,《会计研究》2017 年第 10 期。

原红旗:《中国上市公司股利政策分析》,《财经研究》2001 年第 3 期。

曾颖、陆正飞:《信息披露质量与股权融资成本》,《经济研究》2006 年第 2 期。

张春龙、张国梁:《高管权力、现金股利政策及其价值效应》,《管理评论》2017 年第 3 期。

张纯、吕伟:《信息环境、融资约束与现金股利》,《金融研究》2009 年第 7 期。

张景奇:《现金股利、自由现金流量与盈余可持续性—基于长期债权治理视角的实证考察》,《管理评论》2019 年第 3 期。

张丽平、付玉梅:《市场化进程、公司治理与现金股利政策》,《投资研究》2017 年第 9 期。

张路、罗婷、岳衡:《超募资金投向、股权结构与现金股利政策》,《金融研究》2015 年第 11 期。

张普、陈亮、张名誉:《现金股利、多层次资本市场体系与股票价格波动》,《统计与决策》2018 年第 12 期。

张文龙、李峰、郭泽光:《现金股利——控制还是掠夺?》,《管理世界》2009 年第 3 期。

赵瑞杰、吴朝阳:《财务柔性、股权集中度与现金股利政策》,《经济问题》2017 年第 11 期。

赵燕、冯巧根:《社会责任理念与现金股利承诺制》,《经济与管理研究》2014 年第 5 期。

赵玉芳、余志勇、夏新平、汪宜霞:《定向增发、现金分红与利益输送——来自我国上市公司的经验证据》,《金融研究》2011 年第 11 期。

郑蓉、干胜道:《半强制分红政策实施及修订的影响研究——来自 A 股民营上市公司的经验证据》,《经济与管理研究》2014 年第 5 期。

郑蓉、干胜道、段华友:《半强制分红政策下的股权再融资与分红决策研究——来自 A 股民营上市公司的经验证据》,《证券市场导报》2014 年第 1 期。

郑蓉、干胜道、舒轶:《不同所有权上市公司股利分配意愿的比较研究》,《经济与管理研究》2011 年第 8 期。

支晓强、胡慧聪、童盼、马俊杰:《股权分置改革与上市公司股利政策——基于迎合理论的证据》,《管理世界》2014 年第 3 期。

周平:《现金股利迎合与股权融资效率——基于半强制分红政策的实证研究》,《中国注册会计师》2015 年第 8 期。

周县华、吕长江:《股权分置改革、高股利分配与投资者利益保护——基于驰宏锌锗的案例研究》,《会计研究》2008 年第 8 期。

周晓苏、朱德胜:《股权结构、财务绩效与现金股利》,《当代财经》2006 年第 5 期。

朱红军、何贤杰、陈信元:《定向增发"盛宴"背后的利益输送:现象、理论根源与制度成因——基于驰宏锌锗的案例研究》,《管理世界》2008 年第 6 期。

朱凯、孙刚、贾倩:《现金分红、税收成本与"监管悖论"》,《中国会计与财务研究》2011 年第 4 期。

祝继高、王春飞:《金融危机对公司现金股利政策的影响研究——基于股权结构的视角》,《会计研究》2013 年第 2 期。

英文

Adaolu, C. 2008. Dividend Policy of the ISE Industrial Corporations: The Evidence Revisited. *Journal of BRSA Banking and Financial Markets*, 2(2): 113−135.

Aggarwal, R., Cao, J., and Chen, F. 2012. Information Environment, Dividend Changes, and Signaling: Evidence from ADR Firms. *Contemporary Accounting Research*, 29(2): 403-431.

Ahmed, A. S., Billins, B. K. Morton, R. M., and Stanford−Harris, M. 2002. The Role of Accounting Conservatism in Mitigating Bondholder−shareholder Conflicts over Dividend Policy and in Reducing Debt Costs. *The Accounting Review*,77(4): 867−890.

Ashenfelter, O., and Card, D. 1985. Using the Longitudinal Structure of Earnings to Estimate the Effect of Training Programs. *Review of Economics and Statistics*, 67(4): 648−660.

Baker, M., and Wurgler, J. 2004. A Catering Theory of Dividends. *The Journal of Finance*, 59(3): 1125-1165.

Baker, M., Greenwood, R., and Wurgler, J. 2009. Catering through Nominal Share Prices. *The Journal of Finance,* 64(6): 2559−2590.

Benartzi, S., Michaely, R., and Thaler, R. 1997. Do Changes in Dividends Signal the Future or the Past? *The Journal of Finance*, 52(3):

1007−1034.

Bhaduri, S.N., and Durai. S. R. 2006. Empirical Relationship between the Dividend and Investment Decision: Do Emerging Market Firms behave Differently? *Applied Financial Economics Letters*, 2: 155-158.

Bhattacharya, S. 1979. Imperfect Information, Dividend Policy, and "the Bird in the Hand" Fallacy, *Bell Journal of Economics*, 10(1) :259−270.

Brav, A., Lehavy, R., and Michaely, R. 2005. Using Expectations to Test Asset Pricing Models. *Financial Management*, 34(3), 31−64.

Brealey, R. A., and Myers, S. C. 2003. *Principles of Corporate Finance. Boston: McGraw−Hill*, 8: 432−433.

Caskey, J., and Hanlon, M. 2013. Dividend Policy at Firms Accused of Accounting Fraud. *Contemporary Accounting Research,* 30(2): 455−484.

Chay, J. B., and Suh. J. 2009. Payout Policy and Cash-flow Uncertainty. *Journal of Financial Economics*, 93(1): 88-107.

Chen, K. C. W., and Yuan, H. 2004. Earnings Management and Capital Resource Allocation: Evidence from China' s Accounting based Regulation of Rights Issues. *The Accounting Review*, (79): 645−665.

Daniel, D., Denis, J., and Lalitha, N. 2008. Do Firms Manage Earnings to Meet Dividend Thresholds? *Journal of Accounting and Economics*, 45(1):

2-26.

DeAngelo, H., DeAngelo, L., and Skinner, D. J. 2004. Are Dividents Disappearing? Dividend Concentration of Earnings. *Journal of Financial Economics*, 72: 425−456.

DeAngelo, H., DeAngelo, L., and Skinner, D. J. 1996. Reversal of Fortune: Dividend Signaling and the Disappearance of Sustained Earnings Growth. *Journal of Financial Economics*, 40 (3): 341−371.

DeAngelo, H., DeAngelo, L., and Stulz, R. M. 2006. Dividend Policy and the Earned/Contributed Capital Mix: A Test of the Life−cycle Theory. *Journal of Financial Economics*, 81(2): 227−254.

Dechow, P. M., Sloan, R. G., and Sweeney, A. P. 1996. Causes and Consequences of Earnings Manipulation: An Analysis of Firms Subject to Enforcement Actions by the Sec. *Contemporary Accounting Research*, 13(1):136.

Dechow, P., M. Sloan, R.G., and Sweeney, A.P. 1995. Detecting Earnings Management. *The Accounting Review*, 70: 193-225.

Denis, D. J., and Osobov, I. 2008. Why Do Firms Pay Dividends? International Evidence on the Determinants of Dividend Policy. *Journal of Financial Economics*, 89(1): 62−82.

Denis, D. J., Denis, D. K., and Sarin, A. 1994. The Information Content of Dividend Changes: Cash Flow Signaling, Overinvestment, and Dividend Clienteles. *The Journal of Financial and Quantitative*

Analysis, 29(4): 567−587.

　　DuCharme, L. L., Malatesta, P. H., and Sefcik, S. E. 2004. Earnings Management, Stock Issues, and Shareholder Lawsuits. *Journal of Financial Economics*, 71(3): 27−49.

　　Durnev, A., and Kim, E.H. 2005. To Steal or not to Steal: Firm attributes, Legal Environment and Valuation. *The Journal of Finance,* 60(3): 1461−1493.

　　Easterbrook, F. H. 1984. Two Agency−cost Explanations of Dividends. *The American Economic Review*, 74(4): 650−659.

　　Easton, P. D. 2004. PE Ratios, PEG Ratios, and Estimating the Implied Expected Rate of Return on Equity Capital. *The Accounting Review*, 79(1): 73−95.

　　Elton, E., and Gruber, M. J. 1970. Marginal Stockholder Tax Rates and the Clientele Effects. *The Review of Economics and Statistics*, 29(2): 403-431.

　　Faccio, M., Larry, H., Lang, P., and Young, L. 2001. Dividends and Expropriation. *The American Economic Review*, 91(1): 54−78.

　　Fama, E., and Babiak, H. 1968. Dividend Policy: An Empirical Analysis. *Journal of the American Statistical Association*, 63(324), 1132−1161.

　　Fama, E. F., and French, K. R. 2001. Disappearing Dividends: Changing Firm Characteristics or Lower Propensity to Pay? *Journal of*

Financial Economics, 60: 3−43.

Fan, Q. 2007. Earnings Management and Ownership Retention for Initial Public Offering Firms: Theory and Evidence. *The Accounting Review*, 82(1):27−64.

Francis, J., Lafond, R., Olsson, P., and Schipper, K. 2005. The Market Pricing of Accruals Quality. *Journal of Accounting and Economics*, 39: 295−327.

Fudenberg, D, and Tirole, J. 1995. A Theory of Income and Dividend Smoothing Based on Incumbency Rents. *Journal of Political Economy,* 103(1): 75−93.

Gebhardt, W. R., Lee, C. M. C., and Swaminathan, B. 2001. Toward an Implied Cost of Capital. *Journal of Accounting Research,* 39(1): 135−176.

Grullon, G., and Michaely, R. 2002. Dividends, Share Repurchase, and the Substitution Hypothesis. *The Journal of Finance,* 57(4): 1649−1684.

Grullon, G., Michaely, R., and Swaminathan, B. 2002. Are Dividend Changes A Sign of Firm Maturity? *The Journal of Business*, 75(3): 387−424.

Hail, L., Tahoun, A., and Wang, C. 2014. Dividend Payouts and Information Shocks. *Journal of Accounting Research*, 52(2): 403−456.

Hayashi, F. 1982. Tobin's Marginal Q and Average Q: A Neoclassical

Interpretation. *Econometrica*, 50(1): 213-224.

He, W., and Li, C.K. 2018. The Effects of A Comply−or−explain Dividend Regulation in China. *Journal of Corporate Finance*, 52: 53−72.

Healy, P. M. and Palepu, K. G. 1988. Earnings Information Conveyed by Dividend Initiations and Omissions. *Journal of Financial Economics*, 21: 149−175.

Healy, P. M., and Wahlen, J.M. 1999. A Review of the Earnings Management Literature and Its Implications for Standard Setting. *Accounting Horizons*, 13(4): 365−383.

Himmelberg, C. P., Hubbard, R.G., and Love, I. 2002. Investor Protection, Ownership, and the Cost of Capital. *Social Science Electronic Publishing*.

Hou, K., van Dijk, M.A., and Zhang, Y. 2012. The Implied Cost of Capital: A New Approach. *Journal of Accounting and Economics*, 53: 504−526.

Jensen, M. C. 1986. Agency Costs of Free Cash Flow, Corporate Finance, and Takeovers. *The American Economic Review*, 76(2): 323−329.

Jiang, Z., Kim, K. A., Lie, E., and Yang, S. 2013. Share Repurchases, Catering, and Dividend Substitution. *Journal of Corporate Finance*, 21(1): 36-50.

Jo, H., and Kim, Y. 2007. Disclosure Frequency and Earnings

Management. *Journal of Financial Economics*, 84(2): 561−590.

Kim, J., Lee, K. H., and Lie, E. 2017. Dividend Stickiness, Debt Covenants and Earnings Management. *Contemporary Accounting Research,* 34(4): 2022−2050.

Koo, D. S., and Ramalingegowda, S. 2017. The Effect of Financial Reporting Quality on Corporate Dividend Policy. *Review of Accounting studies*, 22(2): 753−790.

Kothari, S.P., Leone, A.J., and Wasley, C.E. 2005. Performance Matched Discretionary Accrual Measures. *Journal of Accounting and Economics*, 39: 163-197.

Kothari, S. P., Mizik, N., and Roychowdhury, S. 2016. Managing for the Moment: The Role of Earnings Management via Real Activities versus Accruals in SEO Valuation. *The Accounting Review*, 91(2): 559−586.

La Porta, R., Lopez−de−Silanes, F., Shleifer, A., and Vishny, R. W. 2000. Agency Problems and Dividend Policies around the World. *The Journal of Finance,* 55(1): 1−33.

La Porta, R., Lopez−de−Silanes, F., Shleifer, A., and Vishny, R. W. 1998. Law and Finance. *Journal of Political Economy*, 106(6): 1113−1155.

Lang, L. H. P., and Litzenberger, R.H. 1989. Dividend Announcements: Cash Flow Signaling vs. Free Cash Flow Hypothesis. *Journal of*

Financial Economics, 24(1): 181−191

Lawson, B. P., and Wang, D. 2016. The Earnings Quality Information Content of Dividend Policies and Audit Pricing. *Contemporary Accounting Research,* 33(4): 1685−1719.

Li, K., and Zhao, X. 2008. Asymmetric Information and Dividend Policy. *Financial Management*, 37(4), 673−694.

Lie, E. 2000. Excess Funds and Agency Problems: An Empirical Study of Incremental Cash Disbursements. *The Review of Financial Studies*, 13(1): 219−247.

Lin, J. Y., Cai, F., and Li, Z. 1998. Competition, Policy Burdens, and State−owned Enterprise Reform. *American Economic Review*, 88(2): 422−427.

Lintner, J. 1956. Distribution of Incomes of Corporations among Dividends, Retained Earnings, and Taxes. *The American Economic Review,* 46 (2): 97−113.

Louis, H., and Urcan, O., 2015. Agency Conflicts, Dividend Payout, and the Direct Benefits of Conservative Financial Reporting to Equality−holders. *Contemporary Accounting Research,* 32(2): 455−484.

Martins, T. C., and Novaes, W. 2012. Mandatory Dividend Rules: Do They Make it Harder for Firms to Invest? *Journal of Corporate Finance*, 18(4): 953−967.

Masulis, R. W., and Trueman, B.1988. Corporate Investment and

Dividend Decision Under Differential Personal Taxation. *Journal of Financial and Qualitative Analysis*, 23: 369−396.

McDonald, J., Jacquillat, B., and Nussenbaum, M. 1975. Dividend, Investment and Financing Decisions: Empirical Evidence on French Firms. *The Journal of Financial and Quantitative Analysis*, 10(5): 741−755.

Michael, W., K. Ye, T., and Zhang, N. 2017. (Un)intended Consequences of a Mandatory Dividend Payout Regulation for Earnings Management: Evidence from a Natural Experiment. *Journal of Accounting, Auditing and Finance*, 32(4): 510−535.

Miller, M., and Modigliani, F., 1961. Dividend Policy, Growth, and the Valuation of Shares, *Journal of Business*, 34(4): 411−433.

Miller, R.S. 1987. Empathic Embarrassment: Situational and Personal Determinants of Reactions to the Embarrassment of Another. *Journal of Personality and Social Psychology*, 6: 1061−1069.

Myers, S., and Majluf, N. 1984. Corporate Investment and Financing Decisions When Firms Have Information that Investors Do not Have. *Journal of Financial Economics*, 13: 187− 221.

Nicolosi, G. 2013. Demographics of Dividends. *Journal of Corporate Finance,* 23: 54−70.

Nissim, D., and Ziv, A. 2001. Dividend Changes and Future Profitability. *The Journal of Finance*, 56(6): 2111− 2133.

Pastor, L., and Veronesi, P. 2003. Stock Valuation and Learning about Profitability. *The Journal of Finance*, 58(5): 1749−1790.

Ramalingegowda, S., Wang, C., and Yu, Y. 2013. The Role of Financial Reporting Quality in Mitigating the Constraining Effect of Dividend Policy on Investment Decisions. *The Accounting Review*, 88(3): 1007−1039.

Richardson, S. 2006. Over-investment of Free Cash Flow. *Review of Accounting Studies*, 11(2/3): 159-189.

Rozeff, M. S. 1982. Growth, Beta and Agency Costs as Determinants of Dividend Payout Ratios. *Journal of Financial Research*, 5(3): 249-259.

Shefrin H., and Statman, M. 1984. Explaining Investor Preference for Cash Dividends. *Journal of Financial Economics*, 13: 253−282.

Shleifer, A., and Vishny, R. W. 1997. A Survey of Corporate Governance. *The Journal of Finance*, 52(2): 737-783.

Shleifer, A., and Vishny, R. W. 1986. Large Shareholders and Corporate Control. *Journal of Political Economy*, 94(3): 461−488.

Skinner, D. J. 2008. The Evolving Relation Between Earnings, Dividends, and Stock Repurchases. *Journal of Financial Economics*, 87(3): 582−609.

Skinner, D. J., and Soltes, E. 2011. What Do Dividends Tell Us about Earnings Quality? *Review of Accounting Studies*, 16(1): 1−28.

Smith, C., and Watts, R. L. 1992. The Investment Opportunity Set and Corporate Financing, Dividend and CompensationPolicies. *Journal of Financial Economics,* 32: 263−292.

Teoh, S. H., Welch, I., and Wong, T. J. 1998. Earnings Management and the Underperformance of Seasoned Equity Offerings. *Journal of Financial Economics*, 50(1): 63−99.

Von Eije, J. H., and Megginson, W. L. 2007. Dividend Policy in the European Union, *Social Science Electronic Publishing*, 1(3): 61−87.

Watts, R. L., and Zimmerman, J. L. 1990. Positive Accounting Theory: A Ten Year Perspective. *Accounting Review,* 65 (1): 131−156.

Wooldridge, J. M. 2007. Inverse Probability Weighted Estimation for General Missing Data Problems. *Journal of Econometrics*, 141(2): 1281−1301.

图书在版编目(CIP)数据

半强制股利政策与上市公司资本运营 / 李伟著. --
北京：社会科学文献出版社，2023.9
　　ISBN 978-7-5228-1234-2

　　Ⅰ.①半… 　Ⅱ.①李… 　Ⅲ.①上市公司-股利政策-
研究-中国 　Ⅳ.①F279.246

中国版本图书馆CIP数据核字（2022）第240766号

半强制股利政策与上市公司资本运营

著　　者 / 李　伟

出 版 人 / 冀祥德
责任编辑 / 史晓琳
责任印制 / 王京美

出　　版 / 社会科学文献出版社·国际出版分社（010）59367142
　　　　　地址：北京市北三环中路甲29号院华龙大厦　邮编：100029
　　　　　网址：www.ssap.com.cn
发　　行 / 社会科学文献出版社（010）59367028
印　　装 / 三河市东方印刷有限公司

规　　格 / 开　本：787mm×1092mm　1/16
　　　　　印　张：15　字　数：153千字
版　　次 / 2023年9月第1版　2023年9月第1次印刷
书　　号 / ISBN 978-7-5228-1234-2
定　　价 / 118.00 元

读者服务电话：4008918866